Grenzwissenschaften/Esoterik

Buch

Für die Autorin gibt es keinen prinzipiellen Unterschied zwischen
Liebe und Tod. Zwei komplementäre Zustände, die unsere persönliche Frequenz so weit erhöhen, daß das Individuum sich selbst zu
überschreiten vermag. Man sollte, statt in Trauer, darüber in Jubel
ausbrechen.
Und so ist dies kein Buch der Traurigkeit, sondern der Freude. Denn
der Tod, so lautet seine Botschaft, ist heiter und zärtlich.

Autorin

Lotte Ingrisch wurde 1930 in Wien als Tochter eines Erfinders geboren. Sie war von 1949 bis 1965 mit dem Philosophen Hugo Ingrisch
verheiratet, übte bürgerliche Berufe aus, schrieb drei Romane,
heiratete 1965 den Komponisten Gottfried von Einem, schrieb
Theaterstücke, Hör- und Fernsehspiele und teilte ihre Aufmerksamkeit symmetrisch zwischen Physik und Metaphysik. Sie glaubt an die
Sinnlichkeit der übersinnlichen, an die Übersinnlichkeit der sinnlichen Welt. Von Anfang an war das Thema ihrer Arbeit und ihres
Lebens der Tod. Sie hat ihn, statt ihn zu fürchten, lieben gelernt.

Lotte Ingrisch

Reiseführer ins Jenseits

Vom Sterben,
von Tod und Wiedergeburt

Wilhelm Goldmann Verlag

Made in Germany · 2/84 · 1. Auflage · 118
Genehmigte Taschenbuchausgabe
© 1980 by Verlag Fritz Molden, Wien–München–Zürich–Innsbruck
Umschlaggestaltung: Design Team München
Umschlagillustration: Hubertus Mall, Stuttgart
Druck: Presse-Druck Augsburg
Verlagsnummer: 11743
R. R. · Herstellung: Sebastian Strohmaier
ISBN 3-442-11743-7

INHALT

Was haben wir alles in der Schule gelernt! Von den Bodenschätzen Australiens angefangen bis zur Trigonometrie. Aber wer von uns berechnet im Lauf seines Lebens jemals die Schenkel eines Dreiecks, schöpft aus der Kenntnis australischer Bodenschätze Lust und Gewinn?

Niemand lehrt uns, zu sterben. Dabei sterben wir alle. Und nur wenige können es, weil sie dafür begabt sind, von selbst. Die meisten halten den Tod für ein Ende mit Schrecken, dem ein Schrecken ohne Ende folgt.

Das stimmt nicht! Der Tod ist ein Märchen.

Haben Sie keine Angst! Der Tod ist ganz anders, als wir immer glaubten. Wir können das Schreckgespenst, das weiter nichts ist als ein Produkt unserer Erziehung und Phantasie, ruhig begraben. Es gibt nämlich keinen Würge-engel, keinen Sensenmann, keinen Schlächter. Dramatisiert man den Tod nicht, ist er einfach und leicht. So leicht, daß Sie ihn womöglich gar nicht spüren.

Ärzte und Forscher – allen voran Georges Barbarin – haben die letzten Augenblicke des Menschen genau untersucht. Das Sterben, so lautet die überraschende Botschaft, tut nicht einmal weh. Denn der so gefürchtete Todeskampf ist ja nur ein Kampf ums Leben, in das der Sterbende sich, statt es loszulassen, verkrallt. Wer nicht kämpft, wird auch nicht leiden. Empfangen Sie den Tod wie einen Liebhaber, und er vergewaltigt Sie nicht.

Uns verstört der Krampf der Muskeln und Nerven, mit dem der Sterbende sich gegen den Tod wehrt. Doch sind dies rein mechanische Vorgänge, die außerhalb des Bewußtseins stattfinden. Reflexe des Organismus, ein Aufruhr in der Mikrowelt der Zellen, die schon nicht mehr die unsere ist. Der Sterbende selbst bemerkt nichts davon.

Interessant ist der Bericht eines Arztes, der im Verlauf der eigenen Krankheit bis an die Schwelle des Todes gelangte. Sein Geist aber blieb klar, und aus beruflicher Neugier nahm er sich vor, die Etappen seiner Agonie Schritt für Schritt zu verfolgen. Zuerst verlor er den Tastsinn, dann das Gesicht, den Geschmack, den Geruch. Bis auf ein Gefühl der Kälte, das langsam von den Füßen her aufstieg, fühlte er sich sehr wohl. Auch konnte er alles, was um ihn herum vorging, mit übergroßer Deutlichkeit hören, das Weinen der Verwandten ebenso wie die Urteile seiner ihn im Koma wähnenden

Kollegen. Dann aber wurde der sterbende Selbstbeobachter durch ein ständig lauter werdendes Geräusch irritiert, ein heiseres und rhythmisches Keuchen, dem Schnarchen eines Betrunkenen ähnlich. Und während er noch überlegte, bei welchen Gelegenheiten er solche und ähnliche Geräusche schon gehört hatte, begriff er plötzlich, daß es sein eigenes Todesröcheln war.

Nicht nur ich selbst, auch Freunde von mir haben ähnliche Erfahrungen gemacht, die alle darauf hindeuten, daß unser Geist an der physischen Theatralik des Sterbens ebenso wenig beteiligt ist wie unser Empfinden. Und fast alle Ärzte versichern, daß das Ende unbemerkt über uns kommt. Der Übergang vom Leben zum Tod ist, wie der Moment des Einschlafens, nicht zu erfassen.

Ein knapp dem Tod durch Typhus entronnener Korrespondent der „Times" berichtet, er hätte weder Angst noch Schmerzen empfunden. Dabei hatte er sich mit lautem Geschrei aufgeführt und, wie es den Umstehenden schien, unerträgliche Qualen gelitten. „Der Gedanke an den Tod läßt mich seither", sagt er, „vollkommen kalt. Ich vermute, daß man ungleich mehr leidet, wenn man sich einen Zahn ziehen läßt."

Ähnlich erging es einem Schriftsteller, der sich friedlichen Erinnerungen an den Fluß seiner Heimat an einem leuchtenden Sommertag hingab, während er gleichzeitig, zum Entsetzen seiner Familie, die Hände ins Bettlaken verkrallte und es wie ein Leichentuch über seinen Kopf zu ziehen versuchte. „Unsere physischen Leiden in solchen Fällen", schreibt er, „existieren wahrscheinlich nur für die andern, und während unser Körper noch die gewöhnlichen Gesten des Schmerzes ausführt, haben wir in Wahrheit dies alles schon abgeworfen wie ein unnütz gewordenes Kleid."

Dramatisch und abstoßend scheint der Tod durch Ertrinken zu sein. Aber ist er es wirklich? Zahlreiche Zeugen, unter ihnen meine eigene Geographieprofessorin, berichten, plötzlich ihr ganzes Leben wie in einem Spiegel erblickt und sich dann einem großen Wohlgefühl überlassen zu haben, welches von ihrer Rettung abrupt unterbrochen wurde. „Wie schade", ist die typische Reaktion. „Ich fühlte mich so gut!"

Auch der bei vielen Krankheiten im letzten Stadium eintretende Erstickungstod ist, dem Anschein widersprechend, kaum von Schmerzen begleitet. Im idealen Zustand einer Kohlensäure-„Narkose" sinkt langsam ein Schleier über die Welt und verhüllt sie, während der Sterbende in einen tiefen Schlaf gleitet.

Mein Elektriker im Waldviertel erlitt einen schweren Stromschlag auf dem Dach, stürzte bewußtlos herunter und wurde durch künstliche Beatmung und Herzmassage gerettet. Von alledem, erklärte er mir, hätte er überhaupt nichts gespürt.

Bei Gasvergiftungen schwanken die Empfindungen zwischen Übelkeit, Glücksgefühlen und Lethargie. Die letzten Phasen verlaufen in einer Art von Schlaf, der zuerst mit Schwindel verbunden ist und dann zu sicherer Bewußtlosigkeit führt.

Autounfälle scheinen, selbst bei vollem Bewußtsein, anfangs schmerzfrei zu sein, so als passierte dies alles jemand anderem und man wäre nur der Beobachter der Katastrophe. Dasselbe gilt für andere Unfälle und Kriegsverletzungen, bei denen der Betroffene seine Verwundung oft längere Zeit nicht bemerkt. Die Schmerzen setzen meist erst im Krankenhaus, wenn der Prozess der Heilung bereits beginnt, ein.

Bei Abstürzen aus großer Höhe, sei es im Flugzeug oder Gebirge, dehnt sich die Zeit. Manchmal läuft, wie beim Ertrinkenden, der Lebensfilm noch einmal ab. Man empfindet

weder Angst noch Qual, denkt klar und stellt
Überlegungen, die mit dem eigentlichen Pro-
blem oft nicht das geringste zu tun haben, an.
Den Aufprall des eigenen Körpers hört man,
ohne ihn jedoch zu fühlen. Viele berichten,
während des Falls von eigentümlicher Lust und
Freude durchströmt worden zu sein. „Eine
lichtvolle Anästhesie ohne jeden Schmerz",
beschreibt ein berühmter Alpinist seinen
Absturz vom Matterhorn.

„Wenn man nichts mehr zu hoffen hat", sagt
der Dichter Saint-Exupéry, der mit seinem
Flugzeug sowohl ins Wasser als auch in die
Wüste abstürzte, „ist der Tod leicht." Fast
verdurstet, schließt er die Augen. „Ich fühle",
schreibt er, „wie dieser ganze Strom von Bil-
dern mich davonträgt wie zu einem ruhigen
Traum. Ich habe schon einmal, als ich halb
ertrunken war, diesen Frieden gespürt."

Die Kurve des Leidens erreicht ihre Klimax
lang vor dem Tod, und La Boéties Klage mag
wohl für viele Sterbende gelten. Als nämlich
Montaigne ihn, der das Bewußtsein verlor, mit
Essig einrieb und ihm Wein einflößte, kam er
noch einmal zu sich. „Sehen Sie nicht", seufzte
er, „daß Sie mit Ihrer Hilfe nur meine Qual
verlängern? Mein Gott, warum raubt man mir
die große Ruhe, in der ich mich befand?"

Ruhe und Frieden vermißt – wenn wir spontanen Berichten Geretteter Glauben schenken –, wer seinem Leben selbst ein Ende bereitet. Und so scheint das berühmte patet exitus – der Ausgang steht uns offen – gar nicht zu stimmen. Denn sich selbst kann keiner entfliehen, und wer seine Qualen verkürzen möchte, verlängert sie umso mehr. Selbstmord ist wohl ebenso unnatürlich, als pflückte eine unreife Frucht sich selber vom Baum. Doch daß sie darum verdammt und verworfen wird, glaube ich nicht. Sondern sie wird halt noch einmal blühen und reif werden müssen.

Tatsächlich tritt der Tod immer erst ein, wenn wir zutiefst bereit für ihn sind. Sterbende berichten, daß die Entscheidung für oder gegen das Leben sich zuletzt in voller Freiheit vollzieht. Tragikomisch illustriert dies eine Geschichte, deren Zeuge der Dichter Franz Theodor Csokor gewesen ist. Ein alter Mann starb auf der Straße. „Da bleibst!" schluchzte seine Frau und verdrosch ihn in heller Empörung mit ihrem Parapluie.

Nun, wir können nicht dableiben. Aber wann Sie auch sterben – es wird Ihnen ebenso leichtfallen wie das Geborenwerden.

Wer von uns hätte noch keinen lieben Menschen verloren? Und vielleicht schon lange vorher gewußt, daß es keine Hoffnung mehr gibt. Während der Sterbende, der nicht weiß, daß er ein Sterbender ist, Pläne für eine Zukunft macht, die er nicht mehr hat.

Warum weiß er es nicht? Weil, sagen wir, er es nicht ertragen würde. Der Ärmste! Warum soll man ihn unnötig quälen? Viel besser, man belügt ihn bis zuletzt. Was folgt, ist ein Prozeß der totalen Entmündigung, im Namen der Liebe geführt.

Ist es nicht merkwürdig? Sobald jemand zu
sterben beginnt, gehört er nicht mehr zu uns.
Es ist, als gehörte er plötzlich einer ganz
anderen Rasse an. Wir zweifeln an der Möglichkeit einer gemeinsamen Sprache und behandeln
ihn fortan als Fremden. Und verfügen über ihn,
als wäre er ein Tor oder ein Kind.

So war es nicht immer. Unsere Großväter
und ihre Frauen haben es noch verstanden, zu
sterben. Und sterben zu lassen. Ihr Schmerz
war nicht kleiner. Vielleicht ist er sogar größer
gewesen. Aber sie haben den Tod als etwas
Natürliches betrachtet, als Teil ihres Lebens,
und so haben sie nicht, wie wir, mit Abscheu
und Entsetzen auf ihn reagiert. Dadurch war es
ihnen möglich, ihre Sterbenden bei sich zu
Hause zu behalten, in ihrer tröstlichen Mitte,
bis zuletzt. Statt ihn ängstlich zu meiden, hat
man sich früher um den Sterbenden wie um ein
Zentrum versammelt. Sein Verzeihen, seinen
Segen und manchmal auch seine Weisheit erbe-
ten. Man sprach miteinander über die Zeit, die
noch eine gemeinsame sein würde. Und auch
über die Zeit nachher. Sorgen wurden zer-
streut, Wünsche gewährt. Schon früh gewöhn-
ten die Kinder sich dabei an den Tod und
empfanden weder Angst noch Grauen vor ihm.
Man nahm Abschied voneinander, und wer

16

seinen Verwandten oder Ehegespons lieb hatte,
saß an seinem Bett und hielt ihm beim Sterben
die Hand.

Heute scheint diese Hand giftig zu sein, und
wir schrecken vor ihrer Berührung zurück. Der
Tod ist, glauben wir, eine ansteckende Krankheit, und wir verbannen die von ihm Befallenen
in die Quarantäne. Niemand auf der Welt ist so
einsam wie der sterbende Mensch.

Das muß, darf, soll nicht so sein. Um es aber
zu ändern, müssen wir lernen, den Tod anzunehmen wie das Leben. Statt ihn bis zuletzt aus
unserem Bewußtsein zu verbannen, sollten wir
schon früh bedenken, daß wir sterblich sind,
und den Tod als Partner unseres Lebens begreifen. Wenn uns dies gelingt, werden wir weniger
töricht, liebevoller und viel glücklicher sein.
Auch kann nur, wer den Tod selbst nicht mehr
fürchtet, dem Sterbenden in seiner Not beistehen. So ist also der erste Liebesdienst, den wir
einem Schwerkranken erweisen, unsere eigene
Bewältigung des menschlichen Endes.

Es gibt ein großartiges Buch der Medizinerin
Kübler-Ross („Interviews mit Sterbenden"),
das uns hilft, die Probleme des Sterbenden zu
verstehen, seine Bedürfnisse zu erkennen und
sein Los unendlich zu erleichtern. Ich kann es
allen, die mit Sterbenden zu tun haben, gar

nicht eindringlich genug empfehlen! Es entstammt der Praxis, einem warmen Herzen und einem sehr klaren Verstand.

Dr. Kübler-Ross rät, dem Kranken die Wahrheit über seinen Zustand zu sagen, ohne ihm gleichzeitig die Hoffnung zu rauben. Ein Arzt, der mit seinem Patienten offen und freundlich über einen Karzinombefund reden kann, ohne damit schon ein Todesurteil auszusprechen, erweist ihm einen großen Dienst. Hinweise auf die Möglichkeit neuer Medikamente, Techniken, Behandlungen und Forschungsergebnisse helfen, den Patienten zu beruhigen. Er darf sich nicht gleich für verloren halten, weil die Diagnose auf Krebs lautet, sondern muß wissen, daß Arzt, Familie und Patient gemeinsam den Kampf aufnehmen werden. Dies mindert die Angst vor der Isolierung, Täuschung und Ablehnung. Der Kranke vertraut der Aufrichtigkeit seines Arztes und weiß, daß alles, was nur möglich ist, für ihn getan wird.

Häufig reagieren die Angehörigen des Todkranken mit Schuldgefühlen, Reue und Zorn. Diese Reaktion ist aber völlig normal und sollte nicht unterdrückt, sondern ausgelebt werden. Der wirkliche Tod wird später leichter zu ertragen sein.

Der Kranke selbst durchläuft fünf Phasen, die zu kennen sehr wichtig ist, wollen die Angehörigen nie wiedergutzumachende Fehler vermeiden. Die erste Phase bezeichnet Dr. Kübler-Ross als „Nichtwahrhabenwollen und Isolierung". Ich erinnere mich an einen befreundeten Arzt, der einen schweren Schlaganfall erlitt und, obwohl die Symptome ihm durchaus vertraut waren, der Diagnose seines Kollegen empört widersprach. „Das ist nicht wahr!" ist die erste Reaktion des tödlich Erkrankten. „So etwas passiert anderen, aber nicht mir." Hier sollte die Familie mit Teilnahme, Takt und Geduld abwarten, bis der Patient imstande ist, die für ihn so schmerzliche Wahrheit zu akzeptieren.

Ist es soweit, tritt der Patient in die zweite Phase ein, die des Zorns. „Warum ausgerechnet ich?" fragt er sich. „Warum nicht ein anderer?" Und betrachtet die Gesunden, Lebendigen voll Groll und Ressentiment. Auch dies ist ganz natürlich, und die Angehörigen sollten mit Verständnis und Toleranz die Wutausbrüche, die ungerechten Beschuldigungen und Nörgeleien des Kranken ertragen. Denn mit seinen immer neuen Ansprüchen und Klagen möchte er ja nur beweisen, daß er noch immer da ist, daß man mit ihm rechnen muß, man soll ihn so rasch nicht vergessen. Kann er jetzt seinem nur allzu begreiflichen Zorn Luft machen, wird er später umso gelassener sterben. Und widmen wir ihm unbeirrt genug Zeit und Aufmerksamkeit, wird auch der Patient bald wieder ruhiger werden und in die dritte Phase eintreten:

Die Phase des Verhandelns. „Ich möchte nur noch so lange leben", sagt er, „bis das und das passiert." Es kann der Frühling sein oder die Geburt eines Enkels, im Grunde feilscht der Patient immer um einen Aufschub. Und wir sollten uns hüten, vor ihm Prognosen über den Zeitpunkt seines Sterbens zu stellen. Denn kein Arzt vermag dies mit Sicherheit zu sagen, und für den Kranken ist es sehr tröstlich, daß das kleine Licht seiner Hoffnung niemals erlischt.

Die vierte Phase, in die er nun eintritt, ist die Depression. Neue Symptome, Eingriffe, Krankenhausaufenthalte lassen ihn den Ernst seines Zustands nicht länger verleugnen. Er wird immer schwächer und elender. Erstarrung, Stoizismus, Zorn und Wut weichen bald dem Gefühl eines schrecklichen Verlustes. Er weiß, daß er nun von dieser Welt und allem, was er bisher liebte, Abschied nehmen muß. Und uns bleibt nichts anderes übrig, als ihn trauern zu lassen. Wer seinen Schmerz ausdrücken darf, kann sich leichter mit seinem Schicksal abfinden und ist dankbar, wenn wir ruhig bei ihm bleiben, ohne ihn aufheitern und ermuntern zu wollen. Es genügt, dazusein und mit einer Geste zu versichern, daß man den Schmerz kennt und teilt. Diese Phase der Depression ist notwendig und heilsam, wenn der Patient eines Tages in Frieden und innerer Bereitschaft sterben soll. Denn nur die Kranken, die durch alle Ängste und Verzweiflungen hindurchgegangen sind, erreichen auch dieses Stadium der letzten Zustimmung. Wenn die Familie den Kranken auf seinem Weg durch alle Phasen mit Liebe und Verständnis begleitet, erspart sie ihm sehr viel unnötigen Kummer.

Die fünfte und letzte Phase nun ist die der Zustimmung, des Einverständnisses mit dem Tod. Wenn der Kranke Zeit genug hat und nicht plötzlich stirbt, wenn er Hilfe zur Überwindung der ersten Phasen fand, erreicht er ein Stadium, in dem er sein Schicksal nicht mehr niedergeschlagen oder zornig hinnimmt. Er durfte seinen Gefühlen freien Lauf lassen, dem Zorn, dem Neid auf die Lebenden und Gesunden. Er hat den drohenden Verlust so vieler geliebter Menschen und Orte betrauert, und nun sieht er seinem Ende mit mehr oder weniger ruhiger Erwartung entgegen. Er ist müde, meistens sehr schwach, und hat das

Bedürfnis, oft zu schlafen. Diese Phase ist fast frei von Gefühlen. Der Schmerz scheint vergangen, der Kampf ist vorbei, die letzte Rast vor der großen Reise hat begonnen. In dieser Periode braucht die Familie meist mehr Hilfe, Unterstützung und Verständnis als der Patient selbst. Er hat ein gewisses Maß von Frieden und Einverständnis erreicht, und nun verengt sich sein Interessenkreis immer mehr. Er möchte in Ruhe gelassen und nicht mehr durch Neuigkeiten und Probleme der Außenwelt gestört werden. Wenn wir schweigend seine Hand halten und seine Loslösung von der Welt nicht durch eigene Wünsche und Klagen stören, haben wir ihm wirklich geholfen. Vor allem, wenn wir während aller vorangegangenen Phasen den ehrlichen und liebevollen Dialog mit ihm aufrechterhielten. Denn was im Sprechen und Schweigen zwischen Lebenden und Sterbenden aufgebaut werden kann, ist nicht mehr und nicht weniger als ein gemeinsamer Kontinent.

Sie haben nun alles getan, was in Ihrer Macht stand. Sie haben – hoffentlich! – auch die Wünsche des Sterbenden respektiert und ihm die freie Entscheidung über eine weitere Behandlung überlassen. Denn es steht uns nicht zu, einen anderen Menschen am Leben oder Sterben zu hindern, und unsere maßlose Überschätzung des Lebens zeigt nur, daß wir unsere Fassung vor dem Tod noch nicht gefunden haben.

Weinen Sie nicht, wenn es soweit und die Trennung vollzogen ist. Denn das ist sie nur für Sie, der im Zustand des Lebens zurückbleibt. Der Tote empfindet Ihren Schmerz als Fessel und Qual. Sie müssen ihn sehr sanft loslassen, denn nun führt sein Weg ihn für eine kurze oder lange Weile von Ihnen fort.

Oder ist es vielleicht umgekehrt? Je weiter wir gehen, umso eher kehren wir zu unseren Toten zurück. Entfernen wir uns also, um einander wiederzufinden. Denn die Seele des Menschen ist, wie die Erde, rund.

„Sterben", sagte der Dichter Carl Zuckmayer auf dem Totenbett, „ist eine schwere Arbeit." Vielleicht fällt sie uns eines Tages ein wenig leichter, wenn wir wissen, wie andere sie bewältigten. Wir haben im Leben so viele Vorbilder, warum nicht auch im Tod? Alle denken wir darüber nach, wie wir gern leben möchten, und schmieden goldene Pläne. Aber wie möchten wir eigentlich sterben? In der Kunst entscheidet, wie jeder Komponist und Dramatiker weiß, der letzte Akt über das ganze Werk. Und im Leben sollte er bedeutungslos sein?

Bewundern wir ruhig die Würde und Gelassenheit, mit der manche Menschen sterben, wie etwa der Herzog von Montmorency, Konnetabel von Frankreich. Als den tödlich Verwundeten ein Mönch mit den letzten Tröstungen versehen wollte, fragte er: „Glaubt Ihr, daß ein Mann, der fast achtzig Jahre in Ehren zu leben verstand, nicht eine Viertelstunde mit Anstand zu sterben weiß?" Und als Rudolf von Habsburg sein Ende nahen fühlte, wollte er nach Speyer, wo seine königlichen Vorgänger lagen. „Und daß man mich nicht hinbringen muß", sagte er, „will ich lieber selber zu ihnen geritten kommen." Frau Isidor Straus aber weigerte sich, beim Untergang der „Titanic" ohne ihren Mann gerettet zu werden: „Wir haben vierzig Jahre zusammen gelebt und werden uns jetzt nicht verlassen."

Oft gesellt sich zur Gelassenheit Witz und Humor. „Schlechtes Wetter", meinte die Kaiserin Maria Theresia, als am Abend vor ihrem Tod kalter Regen fiel, „für eine so weite Reise." Am nächsten Abend stand sie auf und fiel auf die Bettkante. Der spätere Kaiser Joseph, ihr Sohn, bemühte sich, sie bequemer zu betten: „Euer Majestät liegen schlecht." Sie verschied mit den Worten: „Ja, aber zum Sterben gut genug."

Mich hat immer die Geschichte der achtundneunzigjährigen Josephe Brillat-Savarin entzückt, die gerade ihr Diner im Bett einnahm, als sie einen Schwächeanfall erlitt. „Ich fühle, daß es zu Ende geht", rief sie aus. „Schnell das Dessert!" Als bei der Hinrichtung des jungen russischen Offiziers Michel Bestuschew, der wegen eines Komplotts gegen den Zaren gehängt wurde, der Strick riß, sagte er nur: „Bei mir geht auch alles schief." Und der sterbende Beethoven, dem die Freunde Wein schickten, keuchte: „Schade, schade, zu spät!" Während der Verleger Ernst Rowohlt es gerade noch schaffte. „Gebt mir", waren seine letzten Worte, „ein Glas Doppelbock!"

Wir sollten uns das Sterben nicht unbedingt als Akt des Jammers vorstellen. Jeder stirbt wohl so, wie er gelebt hat. Mehr oder weniger furchtlos, mehr oder weniger ergeben, mehr oder weniger friedlich. Mein Vater ist lachend gestorben. Als sich bei der Beerdigung seiner Schwester herausstellte, daß im Familiengrab nur mehr ein einziger Platz frei war, nickte er seinem gleichaltrigen Schwager kriegerisch zu: „Jetzt fängt das große Wettrennen an." Und er gewann es. „Da habt's mei' G'wand, i fahr' in Himmel!" sang er, als er sein Heim für immer auf der Tragbahre verließ.

Wunder kann und soll man zwar erwarten, aber nicht von den Ärzten erbetteln. Karl der Große schickte seine einfach fort. „Laßt mich", brummte er. „Ich sterbe besser ohne eure Heilmittel!" Und Madame Curie, als der Arzt ihr noch eine Spritze geben wollte: „Ich will, daß man mich in Ruhe läßt." Ein Wunsch, den viele Todkranke haben und der leider viel zuwenig respektiert wird. „Sie versuchen, mich wie eine alte Sehenswürdigkeit am Leben zu erhalten", beklagte sich der vierundneunzigjährige Bernhard Shaw bei seiner Krankenschwester. „Aber ich bin fertig, am Ende, ich sterbe." Ich selbst möchte jedenfalls ohne Infusionen, Transfusionen und Herzspritzen sterben. Ich möchte als Mensch behandelt werden und nicht als Sache. Vielleicht ist der Tod sogar der wichtigste Augenblick unseres Lebens. Man sollte ihn nicht verderben.

Viele Sünder werden auf dem Totenbett fromm. Wäre ich aber der liebe Gott, hätte ich durchaus Sympathie für den Aufklärer Voltaire, den ein Geistlicher noch geschwind fragte, ob er an Jesu Göttlichkeit glaube. „Im Namen Gottes, Hochwürden", antwortete Voltaire ärgerlich, „sprechen Sie mir nicht von diesem Menschen! Lassen Sie mich in Frieden sterben!" Und wenn Engel Humor haben, wovon ich fast überzeugt bin, hatten sie ihren Spaß am amerikanischen General Edgar Allen, dem ein Pfarrer zuflüsterte: „General, die Engel erwarten Sie." „Sie warten, sie warten?" fluchte der General. „Gott verdamme sie, sollen sie warten!" Seiner Persönlichkeit treu blieb auch Narvaez, Marschall und Ministerpräsident der spanischen Königin Isabella II. „Ich brauche meinen Feinden nicht zu vergeben", erklärte er seinem Beichtvater, „weil ich sie alle umgebracht habe."

Die echt österreichische Sorge um eine „schöne Leich" teilte der chinesische Dichterphilosoph Dschuang Dsi nicht. Seinen Jüngern, die ihn prächtig bestatten wollten, winkte er ab: „Himmel und Erde sind mein Sarg, Sonne und Mond leuchten mir als Totenlampen, und die ganze Schöpfung gibt mir das Trauergeleite." Und keinerlei Illusionen über den Schmerz der Hinterbliebenen gab Johann Nestroy sich hin: „Tröstet euch nur! Ihr werdet sicher nicht so lang über mich weinen, wie ihr über mich g'lacht habt."

Vielleicht sollten wir das Sterben alle viel leichter nehmen. „Es hat mich erwischt", sagte der Dichter Theodor Körner, als er im Lützowschen Freikorps fiel. „Aber es macht nichts." Fast die gleichen Worte sprach der sterbende

Tolstoi, und Zar Alexander III. tröstete seine
Frau: „Ich fühle das Ende. Sei ruhig. Ich bin
auch ruhig." „Kein Grund zum Weinen", war
Konrad Adenauers letztes Wort. Und der vom
deutschen Kriegsgericht zum Tode verurteilte
dreiundzwanzigjährige Theologiestudent Christian Ulrik Hansen verabschiedete sich mit
einem Brief von seiner Familie: „Versprecht mir
vor allem, nicht traurig zu sein. Es gibt nichts
zu betrauern. Leben und Tod sind ja keine
Gegensätze, sie ergänzen einander. Nehmt ein
elternloses Kind an meiner Stelle an."

Wer sich früh an den Gedanken des Todes
gewöhnt, dem flößt er zuletzt keine Furcht ein.
„Ich habe nicht die geringste Angst vor dem
Sterben", sagte Darwin. Und der belgische
Dichter Maeterlinck zu seiner Frau: „Für mich
ist das ganz natürlich. Wenn ich in Sorge bin,
ist es deinetwegen." Der englische Staatsmann
Fox: „Ich sterbe glücklich, aber du tust mir
leid . . . Es bedeutet nichts, meine liebste,
liebste Liz." Ludwig XIV. zu Madame de
Maintenon: „Ich dachte, daß es schwerer wäre,
zu sterben. Ich versichere Ihnen, es ist keine
große Sache, ich finde es durchaus nicht
beschwerlich." Albert Einstein: „Meine Arbeit
ist getan." Nicolas Vauquelin zu seiner Frau:
„Liebste, spiel mir auf dem Clavichord diese

schöne Sarabande, damit ich heiter hinüber-
gehe." Matthias Claudius: „Führe mich nicht in
Versuchung und bewahre uns vor dem
Bösen . . . Gute Nacht!" „Nun fahre ich hin
ins Paradeis", sagte der Mystiker Jakob Böhme,
seufzte und verschied. Und Isaac Pitman,
Erfinder der englischen Stenographie: „Denen,
die fragen, wie Isaac Pitman fortging, sagt:
friedlich und so, als wenn er von einem Raum
in den anderen ginge, um dort eine neue
Beschäftigung aufzunehmen."

Ist es nicht so, als öffnete manches letzte
Wort die Tür zu jenem anderen Raum einen
schmalen Spalt? Und ein Streifen heiteren
Lichts fällt auf uns. „Jetzt ist mir das Leben so
klar", sagte Schiller zu seiner Frau Charlotte,
„so vieles hell und erklärt." Und Kants Freund,
der Nationalökonom Christian Jakob Kraus:
„Sterben ist ganz anders, als ich gedacht hatte."
Anders, als wir alle denken, vielleicht. Wahrscheinlich wird der Tod die größte Überraschung unseres Lebens sein. „Ich sehe Dinge",
sagte der irische Dichter William Allingham,
„von denen ihr gar nichts wißt." Und der Maler
Corot: „Siehst du, wie schön das ist? Ich habe
noch nie so herrliche Landschaften gesehen . . .
Ich hoffe von ganzem Herzen, daß man im
Himmel malen kann."

Delirien, Phantasien eines vom Tode verwirrten Geistes? Wohl kaum. Dazu gleichen die Bilder einander zu sehr. Was sich aber verwandelt, wenn wir sterben – wir selbst, die Welt oder beide –, wissen wir nicht. „Wer", sagte der französische Schriftsteller Raymond Schwab zu seiner Frau, „werde ich in wenigen Augenblikken sein?" Statt angstvoll sollten wir viel lieber neugierig sein! Erwartungsvoll wie vor einer Reise in ein sehr fremdes Land. Und es gibt ermutigende Berichte von seiner Grenze.

„Ich leide jetzt viel weniger", sagte Ludwig XVII. „Die Musik ist so wundervoll . . . Hört, hört, unter all diesen Stimmen erkenne ich die meiner Mutter." Sir Philip Sidney: „Ich würde meine Freude nicht gegen alle Herrlichkeit dieser Welt tauschen." Die Vicomtesse d'Aubeterre: „Mein Gott, wie süß ist der Tod! Wer hätte das je gedacht?" Der englische Arzt und Anatom William Hunter: „Wenn ich die Kraft hätte, die Feder zu halten, würde ich beschreiben, was für eine schöne und leichte Sache es ist, zu sterben." Joseph Haydn: „Seid fröhlich, Kinder, ich bin wohlauf." Senator Salomon Foot: „Wie? Kann das der Tod sein? Es ist wie immer . . . Ich seh' es . . . Die Tore sind weit offen. Herrlich, herrlich!" Der italienische Dichter Granville: „Licht! Überall

Licht!" Der englische Dichter Hopkins: „Ich bin so glücklich, so glücklich." Der Erfinder und Ingenieur John Ericsson: „Ich ruhe mich aus. Diese Ruhe ist wundervoll, großartiger, als Worte sie ausdrücken können." Der Bildhauer Saint-Gaudens an seinem letzten Tag bei Sonnenaufgang: „Es ist sehr schön, aber ich möchte weitergehen." Und der Erfinder Thomas Edison, aus einer Ohnmacht noch einmal für kurze Zeit erwachend: „Es ist sehr schön hier auf der anderen Seite."

Ob viele von uns ihr Leben so preisen würden wie jene den Tod? Aber vielleicht hat der englische Dichter George Crabbe mit seinem letzten Wort recht: „Am Ende ist alles gut."

Eigentlich leben wir jetzt schon im Himmel. Wo sonst? Auf einem leuchtenden, tanzenden Stern. Das ist die phantastische Wahrheit, die wir immer wieder vergessen. Lebendiger Teil eines lebendigen Sterns, in den wir eingehen, wenn wir sterben. Wie die Pflanze . . .

Vielleicht sollten wir unseren grünen Geschwistern, den Pflanzen, mehr Aufmerksamkeit zuwenden. „Wenn wir ein kleines Blümelein ganz und gar so, wie es in seinem Wesen ist, erkennen könnten", sagt Meister Eckhardt, „so hätten wir damit die ganze Welt erkannt." Und, glaube ich, die Angst vor dem Tode verloren.

Daß wir ohne Pflanzen nicht leben würden, sei nur am Rande vermerkt. Wir könnten weder atmen noch essen. Pflanzen sind die großen Alchemisten der Erde. Und sie sind, auch die Wissenschaft hat dies nun entdeckt, beseelte und ganz persönliche Wesen wie Sie und ich.

Betrachten wir ihren Kreislauf! Der Samen wird zur Frucht, die Frucht zum Samen. Der Tod führt zur Auferstehung und die Auferstehung zum Tod. Was bedeutet es, wenn die Rose verwelkt? Sie wird wieder blühen. Wir wissen nichts über ihren Winterschlaf, ihren Wintertraum in der Erde. Aber wir wissen, daß sie aus dem Dunkel ins Licht zurückkehrt, daß Leben und Tod einander folgen wie die Jahreszeiten, wie Tag und Nacht, und daß beide ein einziges sind. Wir sollten über eine Wiese gehen, wenn wir trauern, und unter einem Strauch sitzen oder unter einem Baum. Pflanzen sind weise und zärtliche Freunde, und es könnte sein, daß sie mehr über uns wissen als wir über sie.

Fühlen wir uns nicht als ihre Herren! Sie sind es, die uns beschenken. Behandeln wir sie mit Dankbarkeit und Respekt, unsere schönen, sanften, tröstlichen Lehrmeister.

Und Tiere, sind auch die Tiere unsterblich? Ich glaube, sie sind es. Wie alles und jedes in dieser Welt, die lebendiger Geist ist. Nur dürfen wir diese Unsterblichkeit nicht mit Stillstand verwechseln, nicht mit Unveränderlichkeit. Wir alle bleiben die gleichen, indem wir uns verwandeln, und jede Identität ist ein Prozeß. Eine Erfahrung übrigens, die wir täglich machen, und die wir dennoch verleugnen. Es genügt schon, in einem alten Photoalbum zu blättern und sich dann mit den Worten des alten Kinderliedes zu fragen:
„Dreh dich um, dreh dich um,
Bist du's oder bist du's nicht?"

Menschen und Tiere verwandeln sich wie im Märchen. Aber sie erkennen einander wieder. Bis sie zuletzt, vielleicht, von jeglicher Gestalt erlöst sind. Aber es wird lang dauern, bis wir dies wünschen, und noch länger, bis der Wunsch in Erfüllung geht. Und inzwischen möchten Sie sicher gern wissen, was aus den Tieren geworden ist, die Sie lieb gewannen und die gestorben sind.

Nun, Tiere spuken wie Menschen, und zuweilen erscheinen ihre Geister denen, die um sie trauern. Nicht nur zuweilen, würde ich meinen, sondern stets. Daß wir sie so selten bemerken, liegt an uns selbst. Der Mensch

sieht, was er zu sehen erwartet. Für das Uner-
wartete ist er blind. Denn wir halten nur, was
wir für möglich halten, für wirklich. Halten Sie
alles für möglich, und Ihrer Wirklichkeit sind
keine Grenzen gesetzt!

Überaus zahlreich sind die Berichte über
Erscheinungen toter Tiere, und es haftet ihnen
kaum etwas Gespenstisches an. Unsere Gefähr-
ten sind so zärtlich, fröhlich und mutwillig wie
zur Zeit, als sie noch lebten. Manchmal sieht
man sie unverändert, manchmal verschwom-
men, und manchmal überhaupt nicht. Auch
daran ist nichts Erstaunliches, da alles Strahlung
und Schwingung ist auf dieser Welt. Tatsächlich
hängt es von unserem jeweiligen Zustand, der
eigenen Frequenz ab, welche Energien oder
Bilder wir in unser Bewußtsein einfließen
lassen.

Glück jedenfalls hatte das Ehepaar Kresgal,
denn es verdankt sein Leben einem toten Hund.
Corkys Stimmbänder waren einmal verletzt
worden, als auf ihn geschossen wurde, und sein
heiser krächzendes Bellen war mit nichts zu
verwechseln. Er starb 1953, und zwei Jahre
später zogen die Kresgals nach New York. Da
wurde Mrs. Kresgal eines Nachts durch Corkys
heiseres Bellen geweckt. Sie glaubte natürlich,
zu träumen. Als aber das Bellen kein Ende

nahm, stand sie auf. Sie öffnete die Tür ihres Schlafzimmers. Dicke Rauchwolken trieben sie zurück. Das Haus stand in Flammen.

Skeptiker mögen annehmen, die Dame hätte im Schlaf den Rauch gerochen, und ihr Unbewußtes hätte einen Warntraum produziert. Und wahrscheinlich lassen viele Geschichten, in denen tote Tiere als Lebensretter auftreten, mehr als nur eine einzige Deutung zu. Wirklich verbürgen kann ich mich aber für zwei Geschichten. Die eine habe ich selbst erlebt, die andere schrieb mir der Dichter Alexander Lernet-Holenia 1974 in einem Brief aus der Hofburg.

„Übrigens", so Lernet-Holenia, „hat es hier wieder gegeistert, und zwar war's unser vor mehr als einem halben Jahr verstorbener Hund Cinderella, der sich zweimal wieder gemeldet hat. Das erste Mal, als Cindy geisterte, sprang sie mit den Vorderpfoten an meinen Stuhlrand, wie sie immer tat, wenn sie Zucker wollte, unsichtbar natürlich, und der Stuhl wurde so weit zur Seite geschoben, daß ich mich, da ich mich zu setzen im Begriffe war, fast auf den Boden gesetzt hätte. Es war, auch in jenen Sphären, noch ein echter Lausbubenstreich des kleinen Hundes. Und das zweite Mal, als ich noch im Bett lag und Eva bei mir eintrat, lief ihr Cinderella voraus, natürlich gleichfalls unsicht-

bar, und sprang, wie es ihre Art war, auf das
Fußende des Bettes, sodaß das Bett auf und ab
schwang. Man mag darüber denken, wie man
will."

Die andere Geschichte betrifft meinen gold-
äugigen schwarzen Kater Wui Wui, der am
21. August 1978 überfahren wurde, und den
ich auf unserer Wiese begrub. Seit einigen
Jahren führe ich ein okkultes Tagebuch, aus
dem ich nun zitiere:

„Rindlberg, 24. August. Heute, 10 Uhr 25,
hat Wui Wui sich von seinem lieben Körper
getrennt. Ich heugnete von 9 Uhr an rund um
sein Grab. Nebel, Novemberwetter. Und
plötzlich im ganzen Tal und ums Grab herum
ein Gezwitscher, ein Brausen, ich weiß nicht,
was. Als käme es aus der Erde und stiege in die
Luft. Eher wie ein Zischen begann es, an allen
Stellen zugleich. Dann kreiste ein schwarzer
Vogel um das Grab, so tief, daß er die Erde zu
berühren schien, erhob sich in die Lüfte und
verschwand. Dies muß genau um die Zeit
gewesen sein, als Wui Wui vor drei Tagen
getötet wurde. Ich weiß, daß man mich für
verrückt halten wird. Nur: Katze, Grab, Vogel
– gibt es das an sich? Nein! Es gibt Energie.
Felder. Geist. Und wir übersetzen das in Ereig-
nis und Bild. Habe ich richtig übersetzt?"

„Rindlberg, 6. September. Heute um etwa 3 Uhr nachts hat Wui Wui gespukt. Kater Mümmy schlief zu meinen Füßen und die kleine Katze Gättchen an meiner Wange. Wir schliefen alle drei. Plötzlich erwachte ich. Die Gegenstände auf meinem Nachtkästchen klapperten laut. Auch Gättchen und Mümmy hatten sich aufgerichtet und lauschten. Bald darauf wurden die Füllfedern und Bleistifte auf meinem Schreibtisch hin und her gerollt. Eine Maus?, dachte ich. Aber dann wäre Mümmy, der ein großer Mäusefänger ist, längst hingesprungen. Da roch ich plötzlich Wui Wui's typischen Geruch, den ich so liebte. Ambra? Moschus? Ich weiß nur, daß ich so gern an ihm schnupperte. Und während der ganzen Zeit hatte ich an der Nasenwurzel ein Jucken und Kitzeln und Ziehen, das sich bis zur Stirnmitte erstreckte. Auch hörte ich vor dem Ofen die Geräusche eines sich putzenden Kätzchens. Ohne Licht zu machen – die Sterne schienen durchs Fenster – schliefen wir drei wieder ein. – Fakten: Wui Wui spielte immer mit den Gegenständen auf meinem Nachtkästchen. Er liebte es, die Füllfedern und Bleistifte auf meinem Schreibtisch hin und her zu rollen. Mümmy und Gättchen riechen nett, aber ganz anders. Und Wui Wui pflegte sich stets vor dem

Ofen zu lecken. Eine Sinnestäuschung? Aber wir wurden alle drei davon geweckt!"

Zum Abschied noch ein paar Worte über die Sterne, die sterblich und unsterblich sind wie wir selbst. Sie werden geboren, wachsen, entwickeln sich, schrumpfen und sterben. Wenn sie sterben, stürzen sie in sich selbst und ein sogenanntes schwarzes Loch bleibt im Weltraum zurück. Der Stern wird, wie die Seele des toten Menschen, unsichtbar. Kehrt er, wie man bereits anzunehmen beginnt, durch ein weißes Loch wieder? In unserem Universum oder in einem anderen, denn es gibt viele. Alles verschwindet. Alles taucht wieder auf. Menschen, Pflanzen, Tiere, Sterne. Leben und Tod sind zwei Figuren eines einzigen Tanzes, und die Tänzer sind wir.

„Wenn wir gestorben sind", sagt mein öster-
reichischer Lieblingsdichter Lernet-Holenia,
„sind wir schon nicht mehr tot." So einfach ist
es in Wirklichkeit! Je unwissender wir sind,
umso komplizierter erscheint uns die Welt. Erst
der ausgereifte Geist findet wieder zur kindli-
chen Klarheit zurück. Große Physiker beken-
nen sich offen zur Metaphysik wie der Pionier
der Weltraumfahrt Wernher von Braun: „Alles,
was Wissenschaft mich lehrte und noch lehrt,
stärkt meinen Glauben an ein Fortdauern unserer geistigen Existenz über den Tod hinaus."

Was geschieht aber, wenn unser Herz nicht mehr schlägt? Wenn die Gehirnströme versiegen und der vertraute Mensch sich in einen fremden Leichnam verwandelt? Nun, stellen Sie sich einmal Ihre Lieblingslampe vor! Sie haben viele schöne Stunden in ihrem Schein zugebracht. Jemand zieht den Stecker aus dem Schalter und unterbricht den Kontakt. Es wird dunkel. Ist die Lampe jetzt noch dieselbe?

Es ist das Wesen der Lampe, Licht zu empfangen und auszustrahlen. Es ist das Wesen des Menschen, Bewußtsein zu empfangen und auszustrahlen. Statt Bewußtsein können Sie auch Seele oder Geist sagen. Die Seele steht durch das Gehirn mit dem Körper in Wechselwirkung. Das Gehirn ist ein Instrument. Das Gehirn ist, wie unsere Lampe, Sender und Empfänger zugleich. Der Tod unterbricht den Kontakt. Aber die Seele wird dabei so wenig zerstört wie das Licht. Der elektrische Strom und der Strom des Bewußtseins dauern fort.

Wir überleben alle unseren Tod. Aber, werden die meisten nun fragen, überleben wir ihn persönlich? Also ich fürchte, ja. Obwohl die Vorstellung, in alle Ewigkeit nichts anderes und nie mehr als die Lotte Ingrisch zu sein, mich mit Grausen erfüllt. So stelle ich mir die Hölle vor, aber die Seligkeit ganz bestimmt nicht.

Jede Persönlichkeit ist eine Beschränkung. Wie die Lampe das Licht, beschränkt die Persönlichkeit das Bewußtsein.

Ich hoffe und glaube zwar, daß der Mensch sich, tot wie lebendig, im Verlauf seiner Entwicklung selbst entwächst. Aber daß der Tod dumme Leute gescheit oder böse gar gut macht, ist nicht anzunehmen. Man darf sich vom Tod keine Wunder erwarten. Er ist zunächst bloß eine Veränderung, eine Erweiterung des Bewußtseins. Die Schwellen der Wahrnehmung verschieben sich, geben ein größeres Spektrum der Wirklichkeit frei. Trotzdem merkt der Tote gewöhnlich als letzter, daß er gestorben ist, ja es kann Tage, Jahre und sogar Jahrhunderte dauern, bevor er das Faktum begreift.

Woher ich das weiß? Mich hat halt der Tod mein Leben lang, ich weiß auch nicht warum, fasziniert. Und so habe ich im Lauf der Zeit studiert, was die Märchen, Mythen und Religionen, was die Seher und Propheten aller Zeiten und Kulturen darüber berichten. Und sie berichten, vom Eskimo bis zum schwärzesten Afrikaner, alle das gleiche. Und – jetzt wird es vielleicht noch erstaunlicher – was sie berichten, deckt sich genau mit den Erkenntnissen unserer Forschung und Wissenschaft. Auch, dies bescheiden am Rand vermerkt, mit meiner eigenen sinnlichen und übersinnlichen Erfahrung.

Es ist nämlich so, daß die Seele – oder wie immer wir unser innerstes Wesen nennen wollen – den Körper im Augenblick des Todes verläßt. Manchmal schon früher, bei Verwundungen zum Beispiel, bei Operationen und großer Gefahr. Oder nachts, wenn die Seele auf Reisen geht. Aber da kehrt sie immer wieder zurück. Wenn wir gestorben sind, nicht mehr. Sie steigt auf und begibt sich in ihr eigenes Reich. Im idealen Fall, der äußerst selten eintritt. Zumeist steht sie an ihrem eigenen Totenbett, wenn sie nicht am Plafond herumschwebt, und ist höchst irritiert.

Kein Wunder! Erblickt sie sich doch, und fast immer zum ersten Mal, selbst, ohne sie selber zu sein. Das heißt, sie ist auf einmal nicht mehr mit ihrem Körper identisch. Das ist eine recht verwirrende Erfahrung, und nur wenige Tote sind ihr sofort gewachsen. Normalerweise versuchen sie, die aufgeregten Überlebenden auf sich aufmerksam zu machen. Hallo, sagen sie. Weint nicht, ich bin ja noch immer da! Aber keiner hört zu. Die Leute schauen und gehen einfach durch sie hindurch. „Eure und meine Welt sind die gleiche", verkündet das amerikanische Medium Betty White nach ihrem eigenen Tod. „Nur seid ihr euch der meinen nicht bewußt. Ich sehe beide . . .“ In fast allen Fällen kehrt diese Versicherung wieder. Die Toten können uns sehen und hören, wir sie aber nicht. Es sei denn, wir hätten den sechsten Sinn wie jener chilenische Damenfriseur, bei dem der Dichter und Nobelpreisträger Pablo Neruda als Untermieter wohnte. An sämtlichen Zimmerwänden, ja sogar auf dem Klosett waren Schilder mit folgender Aufschrift angebracht: „Finde Dich ab. Du kannst Dich uns nicht mitteilen. Du bist tot.“ Auf diese Weise versuchte der Friseur, seiner verstorbenen Gattin ihren Zustand begreiflich zu machen. Der arme Neruda, von panischem Entsetzen ergriffen, zog sofort aus. Er hätte aber gar keine Angst haben müssen. Leid und Schaden fügen uns im allgemeinen nur die Lebendigen zu.

Schade, daß uns Lazarus, von den Toten auferweckt, nichts über seine Erlebnisse mitgeteilt hat. Doch besitzen wir überaus zahlreiche Zeugnisse jener, die medizinische Kunst ins Leben zurückzwang. Menschen aus allen Teilen, Ständen und Konfessionen der Welt. Und alle berichten das gleiche! Raymond A. Moody, ein amerikanischer Mediziner und Psychiater, sammelte hundertfünfzig Fälle von Patienten, die klinisch bereits tot waren, aber durch besondere ärztliche Eingriffe oder den Einsatz neuer Apparaturen wiederbelebt werden konnten. Sie haben dabei mehr oder weniger alle dasselbe erlebt:

Ein Mensch liegt im Sterben. Während seine körperliche Bedrängnis sich ihrem Höhepunkt nähert, hört er, wie der Arzt ihn für tot erklärt. Auf einmal nimmt er ein sonderbares Geräusch wahr, ein Brummen oder Läuten, und hat das Gefühl, sich durch einen langen, dunklen Tunnel zu bewegen. Danach befindet er sich plötzlich außerhalb seines Körpers, jedoch in derselben Umgebung wie zuvor. Er sieht seinen Körper und beobachtet verstört die Versuche der Ärzte, ihn wieder zum Leben zu erwecken.

Erst allmählich gewöhnt er sich an seinen neuen Zustand. Er entdeckt, daß er noch immer einen Körper besitzt, der sich aber seiner Beschaffenheit wie seinen Fähigkeiten nach wesentlich von dem physischen Körper, den er zurückließ, unterscheidet. Materie und Raum sind keine Hindernisse mehr, die Freiheit der Bewegung wird total, der Sinn für Zeit schwindet. Er erblickt die Geister verstorbener Verwandter und Freunde. Ein unendlich anziehendes Wesen aus Licht, das Güte und Wärme ausstrahlt, nähert sich ihm und stellt, ohne Worte, die Frage nach seinem Leben. Kein

Gericht, o nein! Und schon gar keine Strafe.
Die Hölle können wir, glaube ich, alle vergessen. Sie war, ist noch immer ein Instrument der
Macht. Die einzige Hölle aber, durch die wir
alle gehen müssen, ist die Hölle der Selbster-
kenntnis. Und nur das Wachstum unseres eigenen Geistes vermag uns aus ihr zu befreien. Im
Augenblick des Todes also enthüllt sich uns,
nur selten zur Freude, das Panorama unseres
Lebens, und dabei tröstet uns die Gegenwart
eines persönlichen und lebendigen Lichts, das
uns ganz umschließt, bejaht und versteht. Zum
ersten Mal fühlen wir uns wirklich geborgen.
Und jetzt kommt das Erstaunlichste: dieses
Licht hat Humor! Kann uns etwas Schöneres
begegnen, wenn wir einmal sterben, als diese
Dreifaltigkeit aus Licht, Liebe und Humor?

Freilich hat man uns immer in dem Glauben
erzogen, Gottes Ebenbilder zu sein. Dann muß
wohl der Humor, der allein uns für uns selbst
und einander erträglich macht und den ich für
die humanste aller Eigenschaften halte, seine
Wurzel im Göttlichen haben.

Fast immer erscheint es dem Sterbenden, als
näherte er sich einer Schranke oder Grenze, die
das irdische vom folgenden Leben trennt. Er
fühlt, daß er noch einmal zur Erde zurückkehren muß, obwohl er viel lieber weitergehen als

umkehren möchte. Denn er ist von Freude, Liebe und Frieden erfüllt. Trotz seines inneren Widerstandes – und ohne zu wissen, wie – vereinigt er sich dennoch wieder mit seinem kranken Körper und lebt weiter.

Als ich dies zu schreiben begann, starb im siebenundachtzigsten Jahr Fräulein Martha Syrzisko, seit über vierzig Jahren Wirtschafterin in der Familie meines Mannes, und ich saß drei Tage lang an ihrem Totenbett. Dies waren ihre letzten, immer wieder von Schwäche und Agonie unterbrochenen Worte:

„Wie schön und hell ist Gott . . . Das hat die Harmonie gebracht . . . Dreimal hat das Licht mich schon besucht . . . Wieviel Zeit hat der Mensch geraubt . . . Ich hatte keine Zeit zum Trauern . . . Ich bohre dich mit dem Stock meiner Barmherzigkeit, bis du ganz ohne Schuld bist . . . Hilfe, Hilfe, Hilfe . . . Alle Türen stehen offen . . . Bald bin ich ausgesöhnt . . . Ich bin bereit für die Ewigkeit . . . Alles ist Friede und Friedlichkeit . . . Friede, Friede und noch einmal Friede . . . Jetzt bin ich schon drüben bei Gott . . . Ein Fuß ist noch hier und einer schon drüben . . . Es ist schön dort . . . Ich bin glücklich . . . Alles ist Liebe und Sorglosigkeit . . . Ich bin mit Gott völlig verbunden."

„Wenn man ein Gespenst sieht", sagt mein
Freund, der New Yorker Parapsychologe Prof.
Dr. Hans Holzer, „soll man um Himmels
willen nicht fortlaufen! Denn es hat große
Mühe gehabt, uns zu erscheinen. Fragen wir
lieber, was es will."

Das ist ein praktischer, einfacher und nützli-
cher Rat. Und fast jeder, selbst der phantasie-
loseste Materialist, hat mindestens einmal im
Leben Gelegenheit, ihn zu befolgen. Gespenster erscheinen nämlich nicht nur den Leuten,
die an sie glauben. Denn es läßt sich nun ein-

mal nicht leugnen, daß es auf dieser Welt spukt.
Längst schon werden die geheimnisvollen Phä-
nomene an den Universitäten und ihren Instituten erforscht, und die Professoren spalteten sich
in zwei feindliche Lager. Von den Spiritisten
werden die Geister, von den Animisten die
menschliche Natur für das Übernatürliche ver-
antwortlich gemacht. Ich glaube, daß beide
recht haben und der Unterschied zwischen
totem Geist und lebendiger Natur nur in unserem Bewußtsein existiert, das jede Einheit als
polaren Gegensatz begreift und erlebt. Vielleicht aber ist erst der lebendige und der tote
Mensch zusammen der wirkliche Mensch?

Die meisten alten Kulturen haben das Weltall
als eine große Familie betrachtet. Für sie waren
Erde, Himmel und Geister, die Welt der Steine,
Pflanzen, Tiere und Menschen Teile eines einzigen Reichs, Zellen und Organe eines höchsten
und wunderbaren Organismus. Dieses magi-
sche, in der Zeit schon halb versunkene Weltbild kam wohl der Wahrheit am nächsten, und
die Zukunft wird es ohne Zweifel wieder entdecken. Nach Konfuzius, dem chinesischen
Philosophen, schwebten die Geister in großer
Zahl in der Luft umher und befanden sich
überall.

Schweben sie noch immer in der Luft herum,

die Gespenster? Ich schwöre Ihnen, sie tun es! Denn ich habe sie selber gesehen, gehört und gespürt. Und bin jedes Mal in Panik geraten, ich auch. Es sollte einen Knigge über den Umgang mit ihnen geben. Wer von uns weiß schon, wie man mit Gespenstern verkehrt? Obwohl es vielleicht gar nicht so schwer ist. Ich glaube, man verkehrt mit ihnen genauso wie mit allen anderen Menschen. Oder dachten Sie, man wird ein Unmensch, wenn man stirbt?

Wenn Sie es recht überlegen, werden Sie merken, daß ein bißchen Rassismus und sogar Nationalismus dabei im Spiel ist. Wir, die Rasse und Nation der Lebendigen, sind die einzig mögliche und wahre. Bei Angehörigen des Totenreichs, der Rasse der Verstorbenen, kann es sich eigentlich nur um Ungeheuer oder arme Seelen handeln, wahrscheinlich um beides zugleich, weshalb Tote uns fast immer Mitleid und Furcht einflößen, was nicht nur töricht, sondern auch ziemlich anmaßend ist. Wir sollten lieber eine freundliche Koexistenz mit ihnen anstreben, was viel leichter ist, als Sie glauben.

Es gibt nämlich keinen Unterschied, überhaupt keinen, zwischen dem Gespenst eines Lebendigen, eines Sterbenden und eines Toten. Und Sie haben ganz richtig gelesen, wir sind alle Gespenster! Von Adams Fleisch verhüllte

Geister, und eines Tages fällt dieses Fleisch von uns ab. Wir aber, denkende und fühlende persönliche Wesen, bleiben dieselben. Mit all unseren Hoffnungen, Ängsten, Problemen. Gewiß, wir entwickeln uns weiter. Aber das tun wir jetzt auch. Vielleicht geht es dann sogar ein bißchen schneller, das wäre schön. Aber nicht von selbst, wir müssen es, tot oder lebendig, wünschen und wollen und tun.

Daß wir schon lebendigen Leibes Gespenster sind, ist zwar verblüffend, aber international erforscht und belegt. Es gibt berühmte Beispiele aus allen Kulturen und Zeiten. Der Mensch kann tatsächlich seine Seele oder sein Bewußtsein vom Leib trennen, und alle zwei , scheinbar unabhängig voneinander, existieren weiter, auch, wenn sie sich im Raum oder sogar in der Zeit unbegrenzt weit voneinander entfernen. Angeblich gibt es eine silberne Kordel, ähnlich der Nabelschnur eines Neugeborenen, die Leib und Seele, Fleisch und Gespenst miteinander verbindet. Reißt die Silberschnur, tritt der Tod sofort ein. Allerdings scheint sie beinahe endlos zu sein. Ich selbst habe sie noch nie gesehen, was wenig bedeutet. Auch Eskimos, Saurier und Kometen sah ich noch nicht, ohne deshalb ihre mir von glaubwürdigen Experten versicherte Existenz in Frage zu stellen. Aber daß die Seele den Körper verlassen kann, weiß ich aus eigener Erfahrung und beschwöre es, auf was immer Sie wollen.

Zumeist bleibt der Körper in einer Art von Totenstarre zurück, während die Seele, durchaus im Besitz ihrer Fähigkeit des Denkens, Fühlens und Wahrnehmens, ihren eigenen Abenteuern nachgeht. Total verstörte Zeugen können sie als leiblichen Doppelgänger erblikken oder als Licht, und oft wird sie, obwohl sie überhaupt nicht poltert, als Poltergeist gehört. Wem es passiert, der soll sich dagegen nicht wehren. Denn trotz des Entsetzens, das er am Anfang empfindet, ist es die schönste und erlösendste aller Erfahrungen. Hat man sie einmal gemacht, fürchtet man sich nie mehr vor dem Tod. Aber von willkürlichen Laboratoriumsexperimenten, wie sie mit Erfolg an den verschiedenen Instituten betrieben werden, rate ich ab. Mag sein, daß ich altmodisch bin. Was kommen soll, glaube ich halt, kommt am besten von selbst.

Es gibt also die Gespenster lebender Personen, es gibt die Gespenster sterbender Personen, und die Gespenster toter Personen gibt es auch. Und alle miteinander sind nicht im mindesten schrecklich! Oder hätte Goethe sich fürchten sollen, als er seinem Leipziger Freund

Hofrat Rochlitz unerwartet bei strömendem Regen in Weimar begegnete? Noch dazu in seinem, Goethes, Schlafrock und Pantoffeln! Zwar löste der Freund sich bei der Begrüßung in Luft auf, doch fand Goethe ihn gleich darauf, als er in seine Wohnung zurückkehrte, in derselben Aufmachung auf dem Sofa vor. Er wäre, sagte der Hofrat, überraschend nach Weimar gekommen, hätte Goethe besucht und erfahren, daß dieser sich auf einem Spaziergang nach Belvedere befinde. So ließ er sich trockene Kleider aus der Garderobe des Freundes geben und erwartete ihn, sich den Spaziergang lebhaft vorstellend, auf dem Sofa und schlief ein. Was aber geschah wirklich?

Einmal begegnete Goethe sogar seinem eigenen Gespenst. Als er Friederike von Sesenheim, Urbild des Faustschen Gretchens, verließ, kam er sich zu seinem begreiflichen Schrecken selbst entgegengeritten. In der gleichen Tracht übrigens, die er viele Jahre später trug, als er die verlassene Geliebte noch einmal besuchte.

Berühmt ist auch der Fall der Mademoiselle Sagée, Erzieherin an einem Livländer Pensionat, die sich nicht nur häufig und ohne es selbst zu bemerken verdoppelte, sondern auch Blumen im Schulgarten pflückte, während sie gleichzeitig vor zweiundvierzig verdutzten

Zeuginnen in der Halle des ersten Stocks die
Handarbeiten ihrer Zöglinge kontrollierte.
Neunzehnmal wurde die Ärmste von den ver-
schiedensten Schulen entlassen, da auf die
Dauer niemand eine Lehrerin in doppelter
Ausführung ertrug.

Die Vorstellung eines zweiten Leibes, unseres siderischen Doppelgängers, ist so alt wie die
Menschheit. Im Augenblick des körperlichen
Todes erscheint er zuweilen denen, die er im
Leben geliebt hat. Diese Erscheinung ist
manchmal durchsichtig oder leuchtend, und
wir sollten keine Angst vor ihr haben. Denn sie
ist ein Zeichen der Verbundenheit und der
Liebe. Demjenigen, der über sie nachdenkt,
wird sie alsbald auch zum Zeichen der Hoffnung. Sagt nicht schon Kant, daß der Tod nur
das Ende des Menschen sei, nicht das Ende des
Lebens der Seele? „Sie wird nicht", fährt er in
seinen Vorlesungen über Metaphysik fort,
„aufgelöst, wenn der Körper aufgelöst wird:
denn der Körper ist nur die Form der Seele."

Am bekanntesten sind wohl die Gespenster
toter Personen. Sie halten sich hartnäckig in
alten Häusern oder Schlössern auf, am liebsten
als weiße oder schwarze Frauen, kettenras-
selnde Ritter oder gar mit dem eigenen Kopf
unterm Arm. Ammenmärchen sind das keine,

im Gegenteil, diese Fälle sind im allgemeinen
glänzend bezeugt. Trotzdem müssen wir uns
das Jenseits nicht als Gruselkabinett und die
Toten als kindische Unholde vorstellen. Ein
paar von ihnen sind halt verrückt. Es gibt
lebendige Narren, und es gibt tote Narren.
Beide sind zu bedauern, beide sind unseres
Mitleids und unserer Hilfe bedürftig. Warum
sollte es keinen Geist geben, der geisteskrank
ist?

Im ersten Drittel dieses Jahrhunderts
behauptete der bekannte amerikanische Irren-
arzt Dr. Wickland, daß Geisteskranke in der
Regel nicht unter Bewußtseinsspaltung, sondern unter der Besessenheit durch Verstorbene
leiden. Den praktischen Beweis für diese
Behauptung erbrachte er, indem er so gut wie
sämtliche Patienten heilte. Ein Erfolg, von
dem normale Psychiater nur träumen können.
Dr. Wickland verwendete eine Krankenschwester als Medium, die er später geheiratet hat.
Durch dieses Medium konnte er mit den Geistern, von denen die Kranken besessen waren,
sprechen. Es handelte sich um schmarotzende
Tote, die sich für lebendig hielten oder jedenfalls ihren neuen Zustand noch nicht begriffen.
Dr. Wickland klärte sie freundlich auf und
brachte sie dazu, von ihren Opfern zu lassen.

58

So erlöste er die Kranken von ihrer Krankheit und die Toten von ihrer Unwissenheit. Auch verwirrte Ritter, weiße und schwarze Frauen kann man erlösen, indem man ihnen einfach sagt, daß sie gestorben sind. Sie entdecken dann, daß sie viel Schöneres zu tun haben als in alten Häusern zu spuken. Denn der Zustand des Todes ist weder dunkel noch traurig.

Und wenn Sie Ihren Toten im Traum oder einem anderen Zwischenreich des Bewußtseins begegnen, werden Sie erkennen, daß sie jetzt jünger, strahlender, glücklicher sind.

1935 zelebrierten Shintopriester auf Veranlassung der Tokioter Huthändlerinnung Gedächtnismessen für ausgediente Hüte, wodurch diese zu einer besonderen Würde erhoben werden sollten. Ein Händler erklärte auf Befragen: „Wenn die Hüte nicht alt und schäbig würden und einer neuen Generation Platz machten, würde unser Geschäft nicht florieren. Deshalb ist es recht und billig, daß wir uns den Geistern ausgedienter Hüte erkenntlich zeigen. Während der Zeit ihres Dienstes haben viele Hüte eine Persönlichkeit erworben, und alle sollen mit

der gebührenden Ehrfurcht behandelt werden."
Im gleichen Jahr wurde im zentralen Telefon-
amt von Tokio eine Danksagung an das Telefon
abgehalten. Geschäftsführer und Angestellte
nahmen an der Veranstaltung teil, bei der dem
fleißigen Apparat der Dank der versammelten
Gesellschaft abgestattet wurde.

Sie lachen? Sie meinen, es gäbe einen wesent-
lichen Unterschied zwischen toten Dingen und
lebendigen Wesen? Aber nicht nur unser Herz,
auch die Wissenschaft lehrt uns: es gibt ihn
nicht. Ich zitiere den großen Biologen Haldane:
„Je tiefer die heutige Leptologie, die Erfor-
schung des Feinbaus der Materie, in die
geheimnisvollen Regungen und Bewegungen
der ganzheitlichen Individuen eindringt, aus
denen die sogenannten toten Stoffe bestehen,
umso stärker drängt sich uns die Frage auf:
Wo liegt eigentlich die Grenze, an der die tote
Materie aufhört und das organische Leben
beginnt? Gibt es überhaupt noch einen Gegensatz zwischen dem Toten und Lebendigen?"
Beinahe die gleichen Worte findet der nicht
minder berühmte Astrophysiker Hoyle: „Je
mehr wir über das Leben wissen, umso mehr
wird klar, daß es zwischen dem, was lebendig,
und dem, was nicht lebendig ist, keine scharfe
Trennungslinie gibt."

Sie haben nicht zufällig einen alten Topf oder einen kaputten Schaukelstuhl, die längst auf den Mist gehören? Aber Sie können sich nicht davon trennen. Warum? Das wissen Sie selbst nicht, Sie hängen eben daran. Wie, vielleicht, an einem persönlichen Wesen? Und haben wir nicht eine sehr emotionelle Beziehung zu unserem Zimmer, Haus oder Automobil? Sind wir nicht verstört, wenn wir unsere Lieblingsfüllfeder verlieren? Dinge leben! Sie leben wirklich, auch wenn wir es vergessen haben.

„Seitdem der Mensch sich dem Mechanischen verschrieb",
heißt es in dem schönen Gedicht von Harold Monro,
„achtlos in seinem aufgeklärten Sinn
(ein Sklave des Geschicks),
versteht er nicht die leisen Worte,
die fremde Sprache jener kleinen,
entzückenden Kreaturen, die ihm folgen
in geringem Abstand,
vernimmt nicht mehr verwandte Stimmen
von Schüssel und Besteck,
den ruhevollen Hütern
seines häuslichen Glücks. Der Stuhl,
auf dem er sitzt, die Tür, durch die er geht:
der hochmütige Narr dankt ihnen nicht.
Wie weit hat er's gebracht!"

Nichts auf dieser Welt ist unbelebt, nichts unbeseelt, und alles ist Geist. Die Dinge aber sind ein Teil von uns selbst. Nicht seine Haut begrenzt den Menschen! Ich glaube, ihn begrenzt, was er liebt. Wir reichen so weit wie unsere Liebe. Wie Alice im Wunderland wechseln wir, was sehr verwirrend ist, beständig die Größe, wechseln wir beständig die Liebe. Wir können so klein werden, daß keine Stecknadel mehr Platz in uns hat. Und wir dehnen uns manchmal ins Unendliche aus. Nicht oft. Äußerst selten sogar. Aber widerfährt es uns nur ein einziges Mal, und sei es im Blitz einer Sekunde, haben wir die Grenze, die Leben und Tod voneinander trennt, überschritten. Denn dann haben wir erkannt, daß es diese Grenze nicht gibt. Auch nicht zwischen organischer und anorganischer Welt. Beide sind eins.

Häuser, Hausrat, Trödel – wir sind, was zu uns gehört. Wir gehören zu dem, was wir sind. Wir leben mit Dingen. Und wenn Dinge sterben, stirbt ein Stück von uns mit. Kein Geringerer als der evangelische Theologe Paul Tillich bekennt: „Die religiöse Bedeutung des Anorganischen ist unermeßlich, obwohl die Theologie es bisher noch kaum beachtet hat. Eine Theologie des Anorganischen fehlt bis zum heutigen Tage."

Das stimmt nicht ganz. Schöpfen wir aus den alten jüdischen Quellen, finden wir sie. Gott ist dort auch Gott der Heerscharen, und die Heerscharen sind die große Vielheit, die der Einswerdung harrt. Sonne, Mond, Erde und Sterne erscheinen hier als tote Materie oder als Feuer. In der Welt jenseits unserer Wirklichkeit, wo Wälder und Tiere miteinander sprechen, leben sie. Hierher aber, zu uns, kommen sie als Botschaft. Wir sollen sie verstehen, wir können sie befreien, sie aus der Verlorenheit, der Verlassenheit im Gegenständlichen heimführen in Gott. Sonne, Mond und Sterne, Vögel und Fische, Tiere, Pflanzen und Dinge – und Dinge – warten darauf, daß der Mensch in ihnen die lebendigen Heerscharen erkennt, die mit ihm und durch ihn zu Gottes Thron zurückkehren.

Ist das nicht schön? Ist es nicht viel besser, Dinge – statt sie nur zu benützen und wegzuwerfen – in sein Herz zu schließen und mitzunehmen auf die lange, oft so verzweifelte Reise durch Leben und Tod? Tun wir es, werden sie, wie im Märchen, unsere Tröster, Ratgeber und Helfer sein. Märchen sind ja Erinnerungen an eine Wirklichkeit, die wir beinahe vergessen haben. Wir sollten sie ernst nehmen. Ernster als die Zeitungen, die wir täglich lesen. Die Wahrheit der Märchen bleibt gültig.

Ich weiß genau, wie lächerlich dies alles im Zeitalter der Massenindustrie, im Zeitalter der Industriemassen, klingt. Aber Zeitalter vergehen. Immer. Der Mensch bleibt zurück. Der Mensch und die Dinge. Der Mensch, die Dinge und der Tod.

Ist es nicht so, daß wir aus Dingen eine Mauer um uns errichten, eine hohe Mauer, um den Tod nicht zu sehen? Wir verbergen uns hinter den Dingen. Der Motor der Konsumgesellschaft ist nicht die Freude am Leben, sondern die Angst vor dem Tod. Eine Angst, die alles vergiftet. Das Zeitalter der Massenindustrie, das Zeitalter der Industriemassen ist das Zeitalter der Angst. Wir gleichen dem furchtsamen Reisenden, der sich im Flugzeug pausenlos vollstopft, ohne Hunger zu haben. Wer frißt, stürzt nicht ab! Was bedeutet es schon, daß wir Dinge erzeugen, die wir nicht brauchen? Solange wir konsumieren, sind wir unsterblich.

Aber nehmen wir an, wir verlieren eines Tages die Angst vor dem Tod. Glauben Sie nicht auch, unser politisches und privates Leben würde sich mit einem Schlag ändern? Ganze Industrien sänken dahin. Warum sollten wir länger Häßliches produzieren, Überflüssiges kaufen? Aus anonymen Waren würden wieder persönliche Dinge. Der Reisende im Flugzeug könnte sich endlich entspannen. Er könnte die Wolken, die Erde, seine Mitreisenden und vielleicht auch sich selber betrachten. Und wenn er abstürzt, was bedeutet es schon? Er stürzt in die Liebe, ins Licht, in sein eigenes Herz. Der Reisende im Flugzeug könnte anfangen, seine Reise in den Tod zu genießen.

Denn der Tod ist lebendig. Um dies zu erkennen, müssen wir aber zuvor die Welt zum Leben erwecken. Die ganze Welt in uns und um uns herum. Das ist praktisch dasselbe. Oder können Sie die Welt von Ihrem Bewußtsein, Ihr Bewußtsein von der Welt trennen? Ebenso wenig wie das Leben vom Tod. Die Welt in Ihrem Bewußtsein zum Leben zu erwecken bedeutet, daß Sie auch die Dinge zum Leben erwecken. Mit Liebe und mit Respekt. Entdekken Sie, daß Dinge Personen sind! Persona kommt aus dem Lateinischen und bedeutet die Maske oder Larve des Schauspielers. Auch die Rolle, die er darstellt. Denken Sie nach!

Dinge sind sehr viel geheimnisvoller, als wir gewöhnlich annehmen. „Es gibt eine Innenseite der Dinge“, sagt der Jesuit und Philosoph Teilhard de Chardin, „die sich ebenso weit erstreckt wie ihre Außenseite.“ Vielleicht noch viel weiter? Wäre es möglich, daß Dinge Mas-

ken sind, hinter denen Gott sich verbirgt?
Rollen, die er spielt?

Nehmen wir es ruhig an! Sobald wir Dinge
wie Menschen behandeln, behandeln wir Menschen nicht mehr wie Dinge. Dann könnte es
sein, daß auch der Tod, den wir so lange
verdinglicht haben, seine Maske fallen läßt . . .

Die meisten großen Kulturen taten es. Oder tun es noch immer. Und die kleineren auch. Jeder Mensch, sagen sie, kommt so oft auf die Welt, bis er es erlernt hat, vollkommen zu sein. Nach jedem Tod steigt unsere Seele wie auf einer Leiter von Stufe zu Stufe, von Körper zu Körper aufwärts ins Licht.

„Es ist nicht erstaunlicher, zweimal geboren zu werden als einmal", schreibt Voltaire. Warum also sollen wir unser Leben nicht als Geist verstehen, der sich, unermüdlich zu den Paradiesen höheren Bewußtseins emporstrebend, immer wieder neu inkarniert? Abstammung und Entwicklung von Geistern nach Darwin . . . Was wäre seine berühmte Evolutionstheorie anderes als die Materialisierung einer geistigen, die Verweltlichung einer religiösen Erkenntnis!

Übrigens, ganz privat glaubte auch Darwin an die Wiedergeburt. Wie Pythagoras, der sich an vier frühere Existenzen erinnerte. Wie Plato, Vergil und Plotin. Wie der heilige Franz von Assisi, Origenes, Giordano Bruno, Dante, Spinoza, Friedrich der Große und Lessing, wie Shakespeare, Schiller und Goethe oder Nietzsche, Schopenhauer und Kant. Und ich versichere Ihnen, daß ich die illustre Liste beliebig lang fortsetzen könnte. Die meisten großen Denker haben sich nämlich zu dieser Lehre bekannt, die unseren Verstand gleichermaßen befriedigt wie unsere Moral.

Nicht blindes Schicksal oder der Zufall beherrschen das Leben des Menschen. Er beherrscht es selbst. Erntet in der Zeit, was er in der Zeit säte, Gutes und Böses. Unsere Biographie erstreckt sich auf Tausende oder Millionen von Jahren, und jedes Leben ist nur ein Kapitel. Alle Kapitel hängen organisch zusammen, bedingen einander, bilden ein Ganzes. Erst wer das Ende kennt, begreift Mitte und Anfang. Von Leben zu Leben aber folgen unsere Werke uns nach. Dieses von keinem Tod unterbrochene Gesetz von Ursache und Wirkung wird Karma genannt. Nicht für unsere Sünden, sondern von unseren Sünden werden wir bestraft. Denn der Mensch wird im nächsten Leben, was er in diesem wünscht, denkt und tut. Er kann sich selbst nicht entrinnen. Wir verdammen und erlösen uns durch unser eigenes Herz. Und so bleibt uns eigentlich gar keine andere Wahl, als zu versuchen, in jedem Moment unseres Seins besser, schöner und wahrer zu werden. Denn erst, wenn wir jeden Haß in Liebe verwandelt haben und alle Wünsche in Erkenntnis, endet unsere schmerzliche Reise durchs Fleisch, und wir sind frei.

Keineswegs befand das frühe Christentum sich im Widerspruch zu dieser Lehre. Im Gegenteil, die Jünger begrüßten Jesus als wiedergeborenen Propheten Elias, und er widersprach nicht. Widersprochen hat erst die römische Kirche mit dem Konzil von Konstantinopel 553 unter Kaiser Justinian I. „Wer eine fabelhafte Präexistenz der Seele lehrt", so beschloß sie, „der sei verflucht." Das heißt, wer von da an noch immer an die Wiedergeburt glaubte, wurde verfolgt und bestraft.

Heute natürlich nicht mehr. Nicht nur, weil

die Macht der römischen Kirche geschwunden ist. Sondern auch, weil man in Politik wie Religion die Koexistenz entdeckte. Wer aufrichtig ist, erhebt keinen Anspruch mehr auf die absolute Wahrheit. Und auch ich glaube, daß wir noch sehr weit entfernt sind, sie zu erkennen. Aber Jesus und Buddha sind zwei Wege, die – geht man sie nur weit genug – vielleicht zu ihr führen. Wie alle Farben zum Licht.

Aber zurück zu Tod und Wiedergeburt! Menschen unserer Zeit scheint es, auch im Westen, leichter zu fallen, dieser Lehre zu folgen. Entwarf doch die neue Physik das Bild von der immateriellen Materie! Auf der Bühne des Mikrokosmos tritt Energie abwechselnd als Korpuskel und Welle auf. Das ist sicher nicht ganz dasselbe wie sichtbarer Körper und unsichtbare Seele. Aber beinahe. Und eigentlich haben wir es ja nie mit Wirklichkeiten, sondern, solange wir leben, immer mit Gleichnissen zu tun.

Nach den Religionen beschäftigt sich nun auch die östliche und westliche Wissenschaft mit der Wiedergeburt, und die Resultate sind derart verblüffend, daß ich Ihnen wenigstens andeutungsweise ein paar Beispiele nennen möchte.

1936 wurde mit einem Vorwort von Prof.

M. Sudhaker von der National-Universität in
Lahore, Indien, der Fall der Shanta Devi veröf-
fentlicht, die mit vier Jahren von ihrem früheren Leben als Frau des Stoffhändlers Pandit
Kedar Nath Choubey und Mutter zweier Kinder berichtete. Sie beschrieb exakt ihr einstiges
Haus und ihre Familie. Durch den Schuldirek-
tor der Ramjas-Schule in Delhi erfuhr der
Witwer hiervon und besuchte das Kind zusammen mit seiner zweiten Frau und seinem zehnjährigen Sohn. Shanta Devi erkannte ihn sofort
als er eintrat und brach in Tränen aus. Sie
konnte alle Fragen, die der Stoffhändler ihr
stellte, überzeugend beantworten und verhielt
sich dem zehnjährigen Jungen gegenüber,
obwohl sie selbst erst neun war, wie eine
Mutter. Bei einem Gegenbesuch in Muttra, den
– außer den Eltern – zehn Zeugen verfolgten,
erkannte sie die Straßen und Leute, die sie nie
zuvor gesehen hatte, nannte ihre Namen und
fand aus einer Gruppe von fünfzig Personen
ihre alten Eltern heraus. Sie wies dem von den
beobachtenden Zeugen ausgewählten Fahrer
des Wagens den Weg zu ihrem einstigen Haus,
obwohl dieses inzwischen mit einer anderen
Farbe gestrichen und an fremde Leute vermietet
war. Sie zeigte die jetzt von einem Stein ver-
deckte Quelle im Hof, das Zimmer, in dem sie

gewohnt und die Ecke, unter der sie ihren
Schatz vergraben hatte. Die leere Kassette war
noch immer da, den Schatz selbst hatte der
Ehemann nach ihrem Tode entfernt.

Ian Stevenson, Professor der Psychiatrie und
Direktor der parapsychologischen Abteilung an
der Universität von Virginia, USA, hat in
jahrzehntelanger Zusammenarbeit mit akade-
mischen Fachkollegen über fünfzehnhundert
Fälle in aller Welt mit wissenschaftlicher Akri-
bie untersucht. Ich zitiere nur zwei:

Im Bundesstaat Rio Grande do Sol in Süd-
brasilien starb 1917 eine intime Freundin der
Ehefrau des Lehrers Lorenz. Sie hatte ihr auf
dem Sterbebett anvertraut, sie käme als ihre
Tochter wieder. Etwa ein Jahr später gebar Ida
ein Mädchen und nannte es Marta. Als das Kind
zweieinhalb Jahre alt war, beschrieb es spontan
und exakt das Leben von Idas verstorbener
Freundin. Im Jahr 1921 verübte Dr. Lorenz'
älteste Tochter Emilia Selbstmord durch das
Einnehmen von Zyanid. Ehe sie starb, ver-
sprach sie ihren Geschwistern, als Mann
zurückzukommen. Ida hatte bereits zwölf Kinder und plante kein weiteres mehr, trotzdem
gebar sie anderthalb Jahre nach Emilias Tod
einen Jungen, den sie Emilio nannte. Bis zu
seinem fünften Jahr weigerte Emilio sich, Kna-

benkleider zu tragen. Er besaß viele Merkmale seiner toten Schwester, darunter eine Vorliebe für alle Arten von Handarbeiten. Mit dreieinhalb Jahren erklärte er, es sei gefährlich, wenn Kinder Sachen in den Mund steckten, und Emilias Grab sei in Wirklichkeit sein eigenes. 1966 beging Emilio ebenfalls Selbstmord.

Im Distrikt Chhipatti der Stadt Kanauj wurde 1951 der sechsjährige Munna, Sohn des Sri Jageshwar Prasad, von zwei Nachbarn mit einem Messer oder einer Rasierklinge, indem man ihm den Hals aufschlitzte, ermordet. Verdächtig waren ein Friseur und ein Wäscher, ohne endgültig der Tat überführt werden zu können. Einige Jahre später gab ein in einem anderen Distrikt geborener Junge namens Ravi Shankar an, in Wirklichkeit der Sohn von Sri Jageshwar zu sein. Er beschrieb genau „seine" Ermordung, die Mörder, den Tatort des Verbrechens und andere Umstände von Munnas Leben und Tod. Auch verlangte er von seinen Eltern allerlei Spielzeug, das ihm in seinem früheren Leben gehört habe. Damals war er zwei oder drei Jahre alt, hatte eine panische Angst vor Friseuren und Wäschern und lief, sobald er einen erblickte, davon. Er hatte ein angeborenes Muttermal auf seinem Hals und erklärte, dies stamme noch von der Wunde, mit der der Mörder ihm den Kopf abgetrennt hatte. Als Shri Jageshwar Prasad von dem merkwürdigen Jungen hörte, besuchte er ihn und wurde von diesem als Vater erkannt.

Vielleicht erinnern auch Sie sich an ein vergangenes Leben? In der Regel sind derartige Erinnerungen allerdings nur im frühkindlichen Alter lebendig, und allzu häufig werden sie durch verständnislose Eltern, die ihre Kinder der Lüge bezichtigen und womöglich auch noch bestrafen, verschüttet. Wenn Sie also selbst ein Kind haben, lassen Sie es erzählen und hören Sie aufmerksam zu! Es könnte sein, daß Sie erstaunliche Dinge erfahren.

Im Licht der Wiedergeburt finden auch Sympathien wie Antipathien, die wir scheinbar grundlos Menschen, Orten und Zeiten gegenüber empfinden, eine ebenso logische wie überraschende Erklärung. Dies gilt auch für viele Ängste, Phobien und Begabungen, besonders von Wunderkindern. Mit Vergnügen erinnere ich mich an eine achtzigjährige Dame, mit der ein Freund von mir auf dem Broadway zusammenstieß. „Wohin denn so eilig?" fragte er, und sie antwortete einfach: „Zur Gesangstunde. Wenn ich wieder auf die Welt komme, möchte ich so gern eine gute Sängerin sein!" Also nützen wir dieses Leben, um uns auf das nächste vorzubereiten!

Ich halte es mit dem Erfinder des Blitzableiters, der folgenden Grabspruch für sich entwarf: „Hier ruht der Leib des Buchdruckers Benjamin Franklin als Speise für die Würmer, gleich dem Einband eines alten Buches, aus dem der Inhalt herausgenommen und seiner Aufschrift und Vergoldung beraubt ist. Aber das Werk selbst wird nicht verloren sein, sondern es wird dermaleinst wieder erscheinen in einer neueren, schöneren Ausgabe, durchgesehen und verbessert von dem Verfasser."

Wir haben Reiseführer nach Italien, den Fi-
dschi-Inseln und Afghanistan. Aber wir haben
schon lang keinen Reiseführer mehr in den
Tod. Dabei ist dies unsere wichtigste Reise, und
wir treten sie bereits im Moment unserer
Geburt an. Ohne Kompaß, ohne Landkarte
und fast immer mit dem falschen Gepäck. Da
wir außerdem das Ziel schamlos verleugnen und
am liebsten gar nicht ankommen möchten, ist es
kein Wunder, daß wir uns fortwährend verirren. Wie vielen falschen Zügen sind wir schon
nachgelaufen! Und haben sie leider zumeist

auch erreicht. Oft scheint es, daß unser Weg
aus lauter Umwegen besteht, und diese
Umwege sind die Geschichte unseres Lebens.
Aber wir haben auch eine Todesgeschichte.
Eine Biographie und eine Mortographie, und
beide sind nicht voneinander zu trennen. Wie
das Jenseits auch eigentlich nicht vom Diesseits
getrennt werden kann und die große Reise uns
nicht zu einem anderen Ort, sondern einem
anderen Zustand hinführt. Um diesen Zustand
glücklich zu erreichen, bedarf es des Führers.

Diesen Führer, der die Seelen ins Totenreich
geleitet, gab es zu allen Zeiten und in allen
Kulturen. Manchmal war er ein Gott wie der
griechische Hermes, manchmal ein Engel wie
unser Erzengel Michael, der die Seele vor den
auf der Todesschwelle lauernden Dämonen
beschützt, manchmal ein Priester, ein Guru, ein
Schamane. Jahrtausendelang sammelten ägyptische Priester alles Wissen über die Unterwelts-
fahrt und das Totengericht der Seele im „Ägyp-
tischen Totenbuch", dessen wirklicher Titel das
„Heraustreten ins Tageslicht" ist, und als Eintritt ins Licht, als Einweihung ins höchste aller
Mysterien empfanden sie auch den Tod. Dieses Buch, eine ägyptische Bibel, wurde den
Toten als Führer durch die Unterwelt in den
Sarg gelegt und von den Lebendigen zur

Erlernung des rechten Lebens und Sterbens
studiert. Ich empfehle seine Lektüre ebenso wie
die der wunderbaren Tibetischen Totenbücher,
deren Texte dem Sterbenden ins Ohr gesprochen wurden, um ihn sicher durch alle Dunkelheiten und Gefahren in die Freude des Todes zu
führen. Während die Ägypter an eine Weiterentwicklung des Geistes über den Tod hinaus
glaubten, die zu einer persönlichen Begegnung
mit dem Schöpfer selbst führen kann, begegnet
der Verstorbene im Tibetischen Totenbuch
stets sich selbst. Alle Götter und Dämonen sind
aus seinem eigenen Bewußtsein geformt.

„Jetzt", liest der Priester dem soeben Verschiedenen vor, „erfährst du den strahlenden Glanz
des klaren Lichts, der reinen Wirklichkeit.
Erkenne es, Hochgeborener. Das, was du jetzt
wahrnimmst, und was in der Realität des Diesseits leer, form- und farblos erscheint, ist die
wahre Wirklichkeit." Und dann erfährt die
Seele zu ihrer großen Überraschung, daß dieser
strahlende Glanz, dieser höchste Intellekt –
uneingeschränkt, blendend, erregend – eins sei
mit ihrem eigenen Bewußtsein. Eine Erkenntnis, die sich mit den Erfahrungen heutiger
Sterbender ebenso deckt wie mit den Lehren
unserer Tiefenpsychologie.

Sehr schön ist die alte jüdische Lehre von den

himmlischen Palästen, in die der Gott suchende
Mensch schon lebendigen Leibes eintritt. Er
durchbricht die Grenze von Zeit und Raum,
Leben und Tod, erscheint im Diesseits und
Jenseits zugleich. Und dies ist die Botschaft, die
alle großen Religionen verkünden, die Prophe-
ten, die Visionäre und Weisen: in Wahrheit gibt
es keinen Unterschied zwischen Leben und
Tod! Beides sind wechselnde Zustände unseres
Bewußtseins, die seine Identität nicht verseh-
ren. Auch Tag und Nacht sind ja wechselnde
Zustände derselben Erde. Wir lieben ihre Dun-
kelheit, und wir lieben ihr Licht. Aber eins
ohne das andere würden wir kaum ertragen.
Erst zusammen sind sie vollkommen und eins.
So ähnlich mag es sich auch mit Tod und Leben
verhalten, und vielleicht ist das Leben die
Nacht? Viele alte Texte schildern den Tod als
Erwachen im Morgenlicht nach einem unruhi-
gen, von bösen Träumen gequälten Schlaf.

Und nun will ich nach bestem Wissen und
Gewissen versuchen, das Unbeschreibliche zu
beschreiben, das Sie auf der Schwelle des Todes
erwartet:

Zuerst wird die Seele oder das Bewußtsein
sich von Ihrem Körper lösen, und hier stocken
wir schon. Denn wer oder was ist die Seele?
Viele Leute glauben, daß sie überhaupt keine

haben. Aber wie sehr man zuweilen auch geneigt ist, ihnen recht zu geben, es stimmt nicht. Wir haben oder vielmehr sind alle Seelen! Und der Körper, sagt der berühmte Physiker und Philosoph Carl Friedrich von Weizsäcker, ist nur die Form, in der eine Seele der andern erscheint. Nach der neuesten wissenschaftlichen Forschung in Ost und West, deren Resultate sich genau mit den ältesten okkulten und religiösen Erkenntnissen decken, sind wir eigentlich so etwas Ähnliches wie ein elektromagnetisches Feld. Genauer gesagt, ein psychisches Feld von einer sehr hohen und geheimnisvollen Energie, das unablässig einen Strom von Materie in sich hineinzieht und die Atome zu dem, was wir unseren Körper nennen, organisiert. Menschen sind ineinander verwobene und gar nicht so deutlich abgrenzbare Kraftfelder, deren Ströme sich in beständigem Wechsel und Fluß befinden. Die Russen sprechen von Bio-Energie, die Europäer und Amerikaner von Psi-Energie, und gemeint ist unsere gute alte Seele: ein immaterielles, vibrierendes, luminiszierendes Feld.

Ich weiß, für den Nichtphysiker klingt das reichlich kompliziert. Darf ich es vereinfachen? Also, die Seele ist kein Vogel im Gefängnis des Leibs, sondern sie erschafft, durchdringt und umhüllt ihn wie eine Wolke, in der sich beständig Gewitter entladen. Eine Wolke, die von anderen Wolken durchzogen wird und ihre Form, wie wir es am Himmel beobachten können, immer wieder verändert. Das heißt, daß wir die Fähigkeit haben, uns zu verwandeln, und daß wir mit allen Wesen und Dingen dieser Welt lebendig verbunden sind. Nicht die Haut ist die Grenze des Menschen, denn er hat keine. Dehnt sich, wie im Märchen vom Geist in der Flasche, ins Unendliche aus. Ins Unendliche vielleicht erst im Tod, wenn der Geist sich aus der Materie, die er selbst erschuf, zurückzieht. Warum? Ich weiß es nicht. Es mag zwischen Leben und Tod einen Rhythmus geben wie zwischen Tag und Nacht oder Ebbe und Flut. Einen Rhythmus, dem wir uns getrost überlassen sollten.

Und nun? Sie verlassen, wie der Passagier sein Schiff, Ihren Körper. Vielleicht scheint es Ihnen, daß Sie aufwärts steigen, obwohl es in Wirklichkeit weder Oben noch Unten gibt. Vielleicht werden Sie von geliebten Toten in eine paradiesische Landschaft entführt. Oder Sie stehen zunächst an Ihrem eigenen Totenbett und sind sehr verwirrt. Sie wissen nicht, daß Sie gestorben sind, denn Sie fühlen sich äußerst lebendig. Vergebens versuchen Sie, sich verständlich zu machen. Sie sind unsichtbar, unhörbar geworden. Sie erfahren einen Glanz, eine strahlende Helligkeit, die Ihr ganzes Wesen erleuchtet. Aber noch bleiben Sie nicht im Zustand der Erkenntnis, der Seligkeit, der Erleuchtung. Langsam gleiten Sie zurück in die Welt des Traums, der Illusion, der Materie. Dämonen werden Sie erschrecken, aber haben Sie keine Furcht! Es sind die Dämonen Ihres eigenen Herzens, und sie haben keine Wirklichkeit außer in ihm. Denn im Moment des Todes treten Sie aus der äußeren in Ihre innere Welt ein. Sie begegnen sich selbst in Ihren Wünschen, Ihren Ängsten, Ihren Gedanken. Dies ist der Himmel, und dies ist die Hölle. Wir sind, tot oder lebendig, in unserer eigenen Schöpfung gefangen. Je heller wir denken, je liebevoller wir handeln, umso heller und liebevoller wird unsere Welt sein. Wir können sie tatsächlich in jeder Sekunde verändern, wenn auch ganz anders, als unsere politischen Revolutionäre vermuten.

Ich weiß nicht, ob wir wiedergeboren werden. Ich fürchte und glaube es halt und teile diesen Glauben mit der Mehrzahl der Menschen aller Zeiten. Wahrscheinlich sind wir alle Komödianten und spielen mehr als nur eine Rolle im Leben. Das Totenreich, die Unterwelt scheint eine Theatergarderobe zu sein, in der wir uns für die nächste Rolle kostümieren und schminken, und vielleicht lernen wir dort auch unseren nächsten Text. Aber wir sind eben nicht nur Faust, Hamlet oder die Lustige Witwe. Wir sind, alle Spiele überdauernd, der Spieler. Wir haben eine private, eine metaphysische Identität. Und fallen aus der Rolle, wenn wir uns daran erinnern. Aber ist es nicht das Ziel aller Religionen, den Menschen aus seiner Rolle fallen zu lassen? Denn wohin sonst könnte er fallen als in Gott!

Vielleicht erscheint es Ihnen wichtig, in der rechten Religion zu leben und auch zu sterben. Nun, jede Religion, die Ihren Geist frei und Ihr Herz gütig macht, ist die rechte. Die Wahrheit ist eine Leiter, auf der wir von Erkenntnis zu Erkenntnis steigen. Und vielleicht sollten wir auf keiner Stufe stehenbleiben, denn es gibt keine letzte. Wir sind alle Wanderer und der Weg, sagt der Indianer Don Juan, ist das Ziel. Lassen wir, fährt er fort, den Tod unseren Ratgeber sein! Ungeheuer viel Belangloses fällt von uns ab, wenn wir wissen, daß er uns begleitet. Der Tod ist der einzige weise Ratgeber, den wir haben.

Sollten wir unseren Tod nicht, statt ihn zu fürchten, zu lieben versuchen? Nur wenn wir ihn, wie Jesus, ganz annehmen, können wir den Himmel mit der Erde verbinden. Der Tod ist die Achse der Welt, der Tod ist die Achse des Menschen. Er allein macht uns fähig zu glauben, zu hoffen, zu lieben. Er ist der Anfang jeder Philosophie und Kultur. Ihn bewältigend, wachsen und reifen wir heran zu unserer wahren Gestalt. Sterbend, entwickeln wir uns. Der Tod ist unser Gärtner! Erst ohne ihn wären wir Staub.

Es ist uns noch nie so gut gegangen wie heute.
Und noch nie so schlecht. Wir haben Brot und
Spiele im Überfluß. Die Welt gehört uns. Nur
Bild von ihr haben wir keins. Kein Weltbild.

Brauchen wir eines? Genügt es denn nicht,
zu leben? Genügt es nicht, einfach man selbst
zu sein?

Und da entdecken wir etwas Merkwürdiges.
Der Mensch wird erst zum Menschen, die Welt
erst zur Welt durch das Bild. Im Bild erst
verschmelzen die Teile zum Ganzen, verwandeln wir Chaos in Kosmos.

Nicht die Zahl macht Menschen zur Masse. Zur Masse wird jedes Individuum, das kein Bild von sich selbst hat, und somit kein Bild von der Welt. Kein Bild von der Welt, und somit kein Bild von sich selbst.

Ein Mangel, den wir am schmerzlichsten im Falle des Todes erfahren. Es ist, als hätten wir bei Regen, Sturm und Gewitter kein Haus. Wir sind unbeschützt, preisgegeben, verloren. Weltbild ist vielleicht das Haus unserer Seele. Der Mensch muß seiner Seele ein Haus bauen, und dieses Haus ist ein Bild von der Welt.

Es gibt viele Häuser. Es gibt viele Bilder. Es gibt keine falschen und richtigen Häuser. Es gibt keine falschen und richtigen Bilder. Es gibt Häuser, die schlecht gebaut sind und einstürzen. Es gibt Häuser, die gut gebaut sind und lange stehen. Lange, nicht ewig. Häuser, in denen man gern lebt, und solche, in denen zu leben ein Elend ist. Häuser, in denen man eine schöne Aussicht hat, eine trostlose oder überhaupt keine. Und es gibt ebensolche Bilder. Weltbilder.

Gibt es das vollkommene Haus, das vollkommene Weltbild? Ich kenne es nicht. Aber wir müssen Häuser und Weltbilder bauen, um darin zu wohnen. Nehmen wir dazu das beste Material, das wir finden! Und überall ist zu suchen erlaubt. Überall, wenn wir mit dem Herzen suchen und nicht nach der Mode. In allen Zeiten, in allen Kulturen, bei allen Weisen der Welt.

Unser Geist ist wie Kristall. Kristalle wachsen nicht durch äußerliches Anbauen oder Auflagern neuer Substanz, die der älteren gleich ist. Kristalle haben an ihrer Oberfläche eine sehr fein gebaute Schale, die sich vom Kristallinneren unterscheidet. Diese Kristallhaut wählt das Material aus, formt es um, gliedert es an und assimiliert es. Hat eine Kristallhaut diese Aufgabe erfüllt, tritt sie in den Ruhestand, und eine neue Oberfläche schiebt sich anstelle der alten vor, eine neue Haut tritt in Funktion.

Auch wir wählen aus, was wir in uns verwandeln, und wir wählen nicht willkürlich aus. Die meisten Menschen aber wählen überhaupt nicht mehr aus, und all ihre Kristallhäute schlafen. Wie weckt man sie auf? Denn schlafen sie weiter, verhungert der Geist, wird das Haus nicht gebaut.

Ich weiß nicht, in welchem Haus, welchem Weltbild Sie wohnen möchten. Aber ich kann Ihnen von meinem erzählen, vielleicht mögen Sie es. Vielleicht auch nicht, dann bauen Sie eben ein anderes. Früher einmal gab es sehr strenge Baubehörden. Die Kirche, zum Bei-

spiel, oder den Staat. Dafür gab es früher auch
Stil. Freiheit bezahlt man, so scheint es, stets
mit dem Verlust eines Stils. Sie sind also jetzt
frei für eine neue Unfreiheit, frei für einen
neuen Stil.

Nun, jedes Haus, welchen Stils immer, verbindet Außen und Innen. Jedes Weltbild verbindet die Seele mit dem Universum, das Individuum mit der Gesellschaft, das Leben mit
dem Tod. Vermag es das nicht, ist es untaug-
lich, und wir sollten uns schleunigst nach einem
anderen umsehen. Aus Weltbildern kann man,
wie aus Häusern, nämlich ausziehen. Normalerweise tut man es mehrmals im Lauf eines
Lebens. Unser letztes Haus aber ist kein Haus
mehr, unser letztes Haus ist Gott. In ihm leben
wir nirgends und überall. „Einmal ans Meer
gelangt", sagt der Sufi Hakim Sanai, „sprichst
du nicht mehr von Nebenflüssen."

Ich habe den Tod zur Säule meines Hauses
gemacht. Er ist mein Lehrmeister. Seit er in
meinem Leben ganz gegenwärtig geworden ist,
tue und unterlasse ich viel. Ich unterlasse es,
mir allzu große Sorgen zu machen. Ich unterlasse es, Feindschaften zu begründen. Meine
Fähigkeit, Neid, Zorn und Haß zu empfinden,
nimmt beträchtlich ab. Worüber sollte man sich
auf dem Weg zum Friedhof noch aufregen?

O ja, ein paar Dinge sind es immer noch wert.
Wenn man Leiden lindern kann, soll man es
tun. Wenn man Freude machen kann, soll man
es tun. Beides ist einfach und leicht, sobald man
selbst leicht und einfach geworden ist. Der Tod
befreit uns von allen falschen Gewichten.
Macht, Karriere, Erfolg werden unwesentlich.
Was, um Himmels willen, sollte man angesichts
des Tods damit anfangen? Das ist Spielzeug für
Kinderspiele, und man ist endlich erwachsen
geworden. Nicht ganz, und natürlich hat man
seine Rückfälle. Es kommt noch immer, und
immer wieder, vor, daß man sich närrisch
aufführt und das Tun dem Wissen widerspricht.
Aber man ist eigenen wie fremden Fehlern
gegenüber milde geworden. Wer den Tod
bedenkt, verzeiht sich selbst und anderen viel.
Wer den Tod bedenkt, wird überhaupt freund-
licher. Und wenn Sie ihn von ganzem Herzen
annehmen, beschenkt er Sie schon zu Lebzeiten
mit Sanftmut und Gelassenheit.

Aber glauben Sie nicht, Sie hätten das Leben
dann weniger lieb! Nur wird, was vorher
wesentlich war, unwichtig, was vorher unwichtig war, wesentlich. Die leisen und kleinen
Dinge sind es, die einem dann viel bedeuten.
Wenn Ehrgeiz und Eitelkeit von uns abfallen
wie dürres Laub von den Bäumen, entdecken

wir plötzlich neue, ganz andere Freuden, entdecken wir den Frieden, entdecken wir vielleicht erst die Welt. Und es macht uns nicht
traurig, sie eines Tages verlassen zu müssen.
„Was für die Raupe das Ende der Welt ist", sagt
der amerikanische Dichter Richard Bach,
„nennt der Meister einen Schmetterling." Denn
der Tod ist die große schöpferische Macht
unseres Lebens.

Er ist auch unser Richter. Er ist es, solange
wir leben. Welche Ihrer Gefühle und Wünsche,
welche Ihrer Gedanken und Taten bestehen vor
ihm? Wenn wir ihn in uns tragen wie einen
Kompaß, können wir uns nicht verirren, finden
wir unseren Weg.

Und wohin führt der Weg, dessen Wegwei-
ser der Tod ist? Vielleicht zu uns selbst. Wir
werden ja erst, was wir sind. Was jeder von uns
für die eigene Persönlichkeit hält, ist nur deren
geringster Teil. Eine alte jüdische Weisheit
spricht im Begriff des „Gilgul" genau aus, was
ich meine: „Das nicht an Zeit und Raum
gebundene Sein kann sich in Zeit und Raum
mehrfach zeigen, ohne seine Einheit zu verlieren; das Sein ist auch nicht an der kausalen,
linearen Zeit zu messen; was in der Zeit mehrmals wiederkehrt, ist dennoch Einheit in der
Welt des Seins."

Meint der Apostel Paulus das gleiche? „Denn Stückwerk ist unser Erkennen, und Stückwerk unser Weissagen. Jetzt sehen wir durch einen Spiegel in einem dunklen Wort; dann aber von Angesicht zu Angesicht. Jetzt erkenne ich's stückweise; dann aber werde ich erkennen, wie auch ich erkannt bin."

Unsere Identität fließt, ist ein Prozeß. Unser gewöhnliches Ich ist nur ein Atom in einem Molekül, dem uns inwendig verwandte Menschen aller Zeiten und Räume angehören. Auch Tiere, auch Blumen und Bäume, auch Dinge. Und ein Engel vielleicht? Aber dieses mysteriöse Molekül, das uns in sich vereint, verbindet sich ständig mit anderen, ebenso mysteriösen Molekülen zu neuen Körpern, zu neuen Seelen, zu neuen Geistern. Ich halte dieses Universum für einen lebendigen Organismus und die Sterne für seine Zellen. Wir sind Atome, bilden Moleküle der Sternzelle, die wir Erde nennen.

Kann aber auch sein, alle Sterne sind nur ein einziger Stern, alle Wesen nur Zustände, Erscheinungen, Verwandlungen eines einzigen Wesens. Und das Universum ist ein Lichtlabyrinth, wo wir in den Spiegeln des Raums und der Zeit immer wieder uns selbst begegnen. Der Tod aber ist der große Zauberer, der uns, wie im Märchen, verwandelt. Emanation und Evolution sind die beiden Richtungen eines einzigen Prozesses, sind so eins miteinander wie Leben und Tod.

Dies ist ein Weltbild unter vielen, nämlich meins. Sie müssen, wie Gott die Welt, Ihr eigenes Bild von ihr erschaffen. Lassen Sie den Tod Ihren Baumeister sein!

Ich aber möchte mit dem Gebet der anonymen Alkoholiker schließen, mit dem Elisabeth Kübler-Ross ihr großartiges Buch „Reif werden zum Tode" eröffnet: „Gott gebe mir die innere Heiterkeit, jene Dinge, die ich nicht ändern kann, zu akzeptieren, er gebe mir den Mut, die Dinge zu verändern, die ich verändern kann, und die Weisheit, eines vom anderen zu unterscheiden."